DREAM CATCHER

꿈 앤 만달라

DREAM CATCHER

꿈 앤 만달라

예술가와 정신건강전문가의 드림캐처 치유 이야기

김혜진, 옥금자 지음

하나醫學社

'내 안의 꿈 스케치'에 담긴 이야기

1월

2월

3월

4월

5월

6월

7월

8월

9월

10월

11월

12월

감물과 쪽물로 염색한 광목천에 열두 탄생석을 사용한 드림캐처 책 '내 안의 꿈 스케치' 표지는
저자가 세계 최초로 개발하고 선보인 작품이다.

디자인 특허 기념작품

우리의 내면에는
빛을 드러낼 때를 기다리는
숨은 꿈이 많습니다.

그럼에도 우리는 때때로 길 잃어 흔들리는 마음으로
실체 없는 속앓이를 하며
'나만의 빛'을 어둠으로 가려버릴 때가 많습니다.

내 안의 꿈을 어제로 흘려보내면서… 오늘 나는
'내 안의 꿈 스케치'에 마음을 지켜주는 또 다른 나를 일으켜 세우고
새 살을 돋우는 길목으로 삼고자 합니다.

꿈 스케치에서의 '꿈'은
내 안에 숨겨진 다양한 잠재력과 일상의 삶에서 소망하는 꿈을
담고 있습니다.

삶에서 경험하는 모든 것들,
여기에 기록되는 모든 이야기들,
진정한 자기를 찾아가는 통로가 되기를 바라는 마음,
내면에 있는 소중한 자기를 발견해가는 길목이 되기를 바라는 마음,
이 모든 것이
드림캐처 이야기와 연결되어 담기기를 기원합니다.

'내 안의 꿈 스케치'를 완성한 첫날의 기도에서

내 안의 꿈 스케치 스토리

20여 년 전부터 치유공간에서 사용하기 시작했던 드림캐처가 누구에게나 전해질 수 있는 작품이 되기까지 내 안에는 간절히 소망하는 또 하나의 기도가 있었다. 그것은 치료 환경에서 만나는 분들만이 아닌, '자기 사랑'을 찾아가는 모든 이들의 삶에도 심연에 있는 자기와의 대화로 이어지는 위로의 통로가 되기를 바라는 마음에서 비롯된 것이었다. 그 마음이 '내 안의 꿈 스케치'를 완성하게 한 연결고리였다.

'내 안의 꿈 스케치'는 자기 발견의 상징적 공간이라는 의미에서 천연소재를 사용했다. 2019년 3월에 첫 작품이 완성되었고, 디자인보호법에 따라 2019년 12월에 한국 특허청의 디자인 등록원부에 기록되었다. '내 안의 꿈 스케치'의 표지 배경으로 사용된 소재는 천연소재인 광목에 감물로 선 염색하고 쪽물로 2~3회 반복 염색한 후 다시 감물로 후염처리하는 기법으로 완성되었다. 염색 천에 수 놓인 작은 드림캐처의 금색과 은색의 원형 형상은 태양과 달과 별의 순환을 이미지화하여 선택되었고, 드림캐처의 모든 작업 과정은 명상 기도로 시작하는 작가의 비가시적인 내적 마음과 신체가 소우주로 사용되어 나타나는 내적인 만다라이다.

원형의 틀 안에 채워진 원석과 원형과 깃털을 연결하고 있는 주요 소재는 열두 탄생석이다. 열두 탄생석은 각각 가넷, 자수정, 아콰마린, 백수정, 에메랄드, 진주와 문스톤, 루비, 페리도트, 사파이어, 오팔, 토파즈, 터키석 등이다. 그 외에도 개인을 영적으로 보호하고 길을 안내하며 의식을 자극하여 내면의 숨은 의미를 지혜롭게 발견하게 하고 통찰력을 발휘하게 하며 자기의 본질을 찾아가도록 돕는 대표적인 보석 래브라도라이트, 젬스톤, 라피스라줄리가 사용되었다. 또한 건강과 지혜와 치유의 파워스톤인 토르마린, 아이올라이트, 오닉스, 커넬리언, 가야나이트, 아파타이트, 크리스탈 등이 사용되었는데, 이들은 모두 작업 시점의 기도와 연상에 따라 선택적으로 사용되었다.

꿈 앤 만달라는 '내 안의 꿈 스케치'와 함께하는 분들의 모든 여정이 지혜와 용기로 충만하며 더욱 풍요로운 자기 사랑으로 향하는 가슴 벅찬 일상이기를 기원한다.

소슬바람 같은 만남

중랑물재생센터 관사의 한 공간에서

가슴으로부터 오는 정감 가는 사람들
워크숍에 참여한다는 소식 전해 듣고
설레는 첫 만남을 기다리는데

오랜 세월 익숙한 만남임에도
이날따라 이른 아침부터 들뜬 가슴 속 울림이
첫 여행을 떠나는 어린아이처럼…

작은 공간에 꽉 들어찬 온기로 어우러지는 만남
춤과 사진으로 희망을 품고 아픈 몸과 마음 달래고 도닥여
품어내는 모성으로 자기 사랑을 키워낸 사람들

처음 자리가 무색하게 원형의 틀에 이어지는 이야기가
오늘 정한 시간의 경계를 허물어 다음의 일상을 미룬 여유가
소슬바람 같아 좋았다.

혹여 망설임이 있었어도,
원하는 대로 흐르지 못했어도,
어머니에게 오빠에게 소중한 누군가에게 그리고 자기에게 전하고픈
그 마음 이야기도 풍요로 채워지기를…

그저 오늘 나의 아침은

꿈 앤 만달라로 이은 어제의 인연들이
자기 사랑으로 빛나는 날이기를 소망한다.

또 한 사람의 인연을 담아

2018년의 마지막 달 첫날의 새벽
오래전에 강의실에서 만난 인연이 온다기에…

그는 어떤 색의 이야기를 만들어가려나?

…

몸짓 하나하나에서 묻어나던
오래전에 본 그의 진솔함이
그리움으로 오는 날이다.

한 해를 마감하는 12월의 시작에 오랜 인연을 기억하며…

스물한 개의 드림캐처로 아이 만나러 가는 길

C재단 워크숍 패키지를 준비하면서 마음동행을 간직한 날에

며칠 동안 준비해 전한 마음 잘 이어져
아이 만나러 가는 길에
진자리 마른자리 소박한 꽃으로 피어나기를

오늘의 새벽기도에 담는다.

지난 오늘도 다음의 오늘도 또 오늘도
사랑하다 하다 하다 그 사랑이 너무 커서
하늘에 펼쳐 그리고자 간 아이

눈으로 담고 맘으로 담고 온몸으로 담고

엄마와 아이 서로를 향해
더 바랄 것 없는 처음 같은 사랑으로
아이 만나러 가는 길에

오늘 나의 드림캐처는 새벽이슬 모아 그려 낸다.

바람 웃섶에 안겨 올 기쁨을 품어…

사는 맛 일깨운 선물 같은 사람들

참으로 오랜만에 만난 사랑하는 사람들
얼마 만인가? 10년? 20년? 이런저런 일상의 일들과 사회현상
복잡하고 몸과 마음 힘들게 하는 일도 많다지만

최선을 다해 살아온 흔적이
맘 맛으로 사는 기쁨이 온몸으로 느껴져서 좋고
치장 없는 마음도 생각도 예쁘기만 하다.

비우고 채워가며 서로에서 웃음을 닮고 배워가고
하는 말마다 삶에서 얻은 지혜고 자기만의 창조적 예술이고
어떤 말도 시가 되니 이보다 더 좋은 인연이 있을까?

여유 없는 일상마저 의미이고 기쁨이지 않을까
오전의 워크숍에서 만난 H와 S의 오랜 인연도…

동생이고 자식 같은 인연들과의 묵힌 이야기에 빠져
밤늦은 시간 레스토랑 문 닫아야 한다. 재촉 올 때까지
수다 떨며 먹고 마지막 커피까지 향기로 젖고
함께 한 오늘이 그저 좋음이고 감사다.

J도 K님도 맘으로 오는 물길로 손잡고
몸보다 먼저 와 함께하니 오늘의 만남 자체가 선물이고
성공한 인생이 별건가? 싶다.

'다음'이란 맘 밭 선물도 또다시 우리를 설레게 하고…
세상의 이중성을 조화롭고 역동적으로 살아가고 있는 혜윰과 오랜 인연의 꿈을 축복하며 감사한 날에

첫사랑 마음 길에 머문 날

자유로운 영혼을 가진 인연들의 평온한 나날을 기원한 날

살아가는 내내 만난 수많은 길 중에
감히 측량도 할 수 없는 그 길에 이어진
첫사랑의 향기를 만났다.

몇 해를 돌고 돌며 맞는 기적 같은 순간들은
오늘을 시작하게 한 동무이고
언제라도 시작할 수 있는 동행이니 가능하다 싶다.

함께 갈 수 있는 길
소중하고 축복이고 감사의 길이다.

참으로 오랜만에 만난 그리운 얼굴들
10년 전 15년 전 아니 20년쯤 지났을까?
변함없는 모습이고 옛 그대로의 마음이다.

결혼도 하고 아이도 있고
어린 꼬마였던 딸아이가 고등학생이고
성인이 되었단다.

나도 이제 할머니라고 불러줄 손자가 생겼으니
어디 그들이라고 변화 없을까마는
어쩌면 그리도 옛 모습 그대로인지

잠결에도 미소가 흐르는 나를… 어제의 만남을… 떠올리며
사랑하는 동무들의 오늘을 위한 기도로 시작한 아침이다.

CONTENTS

드림캐처 이야기를 시작하며

드림캐처와의 인연은 아주 오래전 미주 여행길에 인디언 마을을 방문하면서 시작되었다. 오랜 기간 정신장애로 아픈 이들을 만나고 심리치료가 필요한 이들의 고통을 만나는 여정에 북미 원주민의 토속문화 중 하나인 드림캐처를 만난 것은 더 없는 선물이었다. 당시에 원주민으로부터 안내받은 방법을 기억하지 못해 미완성 드림캐처를 바라보다 순간순간 머릿속에 스쳐 지나가는 그들과 함께한 시간이 회상되어 그날의 그 공간에 머문 것이 수차례였다. 꼭 다시 그들을 만나러 가겠다는 기대는 바쁜 일상에 묻혀버렸지만 성스럽기까지 했던 그들의 첫인상은 지금도 생생하다. 따뜻한 원주민 할머니와 어머니의 안내와 손길을 기억하며 기도로 시작된 드림캐처의 임상적 연결은 만다라 작업의 치유성과 다르지 않았고 드림캐처의 기초 틀인 원형에 수 놓여가는 그 자체가 만다라이자 자기실현으로 가는 통로였다.

드림캐처가 우리 사회에 아직 알려지지 않은 20여 년 전부터 오랜 시간 동안 조심스럽게 다가갔던 임상적 연결을 2011년부터는 더욱 구체화하기 시작했다. 2017년부터는 딸이 운영하는 '두 개의 공간'에 참여하게 되었는데, 그 시작은 딸의 작업에 도움이 되기 위해 드림캐처를 선물하게 된 것이 계기였다. 새벽 시간 명상 기도의 연상을 따라간 드림캐처에 담긴 기원이 임상에서 만난 이들뿐만이 아닌 더 많은 사람에게 전해진다면, 앞으로 더 가야 할 나의 인생에 소박한 동반자가 되어주리라는 기대와 함께 그동안의 경험을 사회에 환원하고자 하는 마음으로부터였다.

시간이 지나며 더 중요하게 다가온 알아차림은, 마음이 아픈 사람들의 고통 속에는 대부분 자기 사랑의 결함이라는 핵심 요인이 자리하고 있다는 점이었다. 여기에 더해, 드림캐처의 의미가 바로 이 자기 사랑을 찾고 회복의 길로 나아가는 통로가 되어줄 수 있으며 따뜻한 위로가 될 수 있다는 사실 또한 깨닫게 되었다. 그래서 드림캐처가 나의 임상 현장에서뿐만 아니라 오늘을 열심히 살아가는 사람들에게 위안이 되고, 나아가 내면 깊은 곳에 아직 드러내지 못한 진정한 자아를 찾아가는 연결고리로서 함께할 수 있기를 바라며 이 책을 쓰기로 했다.

이 과제의 바람은 다시 소망을 품은 사람들에게 꿈 앤 만달라 드림캐처를 전할 수 있는 적극적인 방법을 찾기 위해 리버마켓에 참여하게 만들었다. 2019년 5월 곤지암을 시작으로 이천과 문호리 리버마켓에 꿈 앤 만달라 드림캐처를 선보이게 되었는데, 방문한 분들의 반응은 우리에게 더 없는 선물을 안겨주었다. '그 어느 곳에서도 찾아볼 수 없는 특별한 내용의 의미가 담긴 드림캐처를 만났다, 이곳의 드림캐처에 적힌 글을 다 읽고 싶다, 내 마음이 여기에 다 있다, 이 드림캐처에서는 맑은 영혼이 보인다, 특별한 드라마의 세트장을 옮겨온 거 같다, 자신의 마음이 들켰다 등.' 하나하나의 드림캐처에 집중하며 자신의 감정과 느낌과 감동을 말하며 감사를 전하는 분들을 만나면서 인생의 후반에 교수가 아닌 작가로서 연결된 마음길 동무를 만났다.

그해 여름 막바지, 마켓 부스 철거과정에서 발생한 가벼운 사고로 딸의 건강이 악화되면서 리버마켓 참여를 중단했지만, 계속 이어진 지지의 감사 메시지는 치료로부터 시작한 드림캐처가 진정한 자기로 살고자 하는 분들에게 위로이자 선물로 연결되어가는 기쁨과 축복으로 와 감사한 마음 한가득하다.

이 책은 단순히 드림캐처가 무엇이고 어떻게 만드는지에 대한 상식과 방법을 전하는 내용이 아니다. 그동안 나의 치유공간에서 만난 이들과의 내적 대화와 꿈 앤 만달라 드림캐처를 만나는 분들을 위한 기도가 담겨있다. 이 책의 연장선으로, 앞으로 계속될 내 삶의 인연들과 성숙하기 위해 아픔의 과정을 겪는 분들이 심혼을 만나고 더 깊은 자기와의 대화를 시작하면서 자기만의 숨은 꿈을 발견해가고 진정한 자기 사랑을 찾아가길 바란다. 이 길에 사랑하는 큰딸이 함께 있어서 더욱 기쁨이 크다. '내 안의 꿈 스케치' 표지 염색을 도와주신 제주의 정유선 선생님에게도 감사의 마음을 전한다.

서울과 광주, 그리고 전주와 해남에서 교육자로서 임상가로서의 길을 가고 있는 사랑하는 제자들을 위해서도 그들의 인연을 위해서도 기도한다. 온 마음을 다해 자기만의 답을 찾고 학과와 제자들의 방향을 세워가는 한양대학교ERICA 미술치료학과장 김은진 교수님과의 동행도 감사한다. 함께 하시는 교수님들을 위해서도 학과생들이 가고자 하는 치료사로서의 길도 더욱 빛나기를 기원한다.

내 인생에 귀한 동반을 안겨준 아메리카 원주민 할머니와 어머니에게 감사하고, 그들이 건강한 나날을 보낼 수 있도록 오늘도 기도한다. 바쁜 일상 속에서 내일을 향해 힘차게 걸어나가는 모든 분들을 위해서도 기도한다.

오랜 신뢰의 인연으로 함께해 주시고, 『꿈 앤 만달라』의 완성을 위해 도움을 주신 하나의학사 대표님을 비롯한 임직원 여러분께 깊은 감사와 존경의 마음을 전하며, 늘 건강하시기를 기원한다.

2025년의 막바지에 김혜진 대표와 옥금자 함께

순환적 전체성으로서 꿈 앤 만달라 드림캐처

꿈 앤 만달라는 인디언의 오랜 문화 드림캐처가 가진 치유의 상징성을 받아들여 만다라의 순환적 전체성으로 연결하였다.

이미 언급했듯이 이 책은 드림캐처를 어떻게 만들 것인지에 대한 기계적인 방법을 소개하는 것에 초점을 맞추지 않았다. 우리 사회가 드림캐처를 단순히 좋은 꿈을 꾸게 하고 행운을 가져다주는 부적으로 받아들이거나 인테리어 효과나 선물용 상품 정도로 여기는 것이 안타까웠다. 드림캐처가 오랜 기간 아픈 마음을 지닌 이들에게 치유 경험으로 연결되고, '자기 발견과 이해 그리고 진정한 자기 사랑'을 찾아가는 길이었으면 하는 바람을 담았다. 그러한 기대가 이 책을 접하는 독자들에게 잠재된 내면의 창조성을 끌어내는 자극제와 진정한 자기와 만나는 작업에 풍요의 길목이 되기를 기대한다.

꿈 앤
만달라

드림캐처를 구입하는 분에게

꿈 앤 만달라의 모든 드림캐처는 작가가 작업한 그 날의 기도 연상을 따라 형상화되고 이름이 붙여진다. 그러므로 드림캐처의 외현적인 끌림에 의해 선택한 경우라 해도 특정 드림캐처를 선택하게 했던 마음의 끌림은 작가의 창작 이미지와 무관하지 않고 자신의 내적 의미가 연결되었을 것이다. 따라서 그 느낌을 자기만의 기원으로 연결해 보면 의식하지 못했던 내적 자원이 자극되면서 활성화하는 경험을 할 수 있을 것이다.

선택한 드림캐처는 일상의 꿈과 기대를 허락하는 위로의 통로가 될 수 있다.

마음과 시간이 허락한다면 선택한 드림캐처를 볼 때마다 떠오르는 생각이나 감정, 기억을 '내 안의 꿈 스케치'에 기록하거나 일상의 감정과 소망을 기록하고, 자기 자신에게 질문하고 답하면서 색과 형태를 사용하여 관련 이미지를 찾아가 보는 것이 좋다. 이는 연결성 있는 내면의 이야기를 찾아가는 토대가 될 수 있다. 그 과정은 자연스러운 자기실현의 길로 이어지면서 내면이 깊어지고 확장되는 지름길이 되어 줄 것이다.

드림캐처를 개인적으로 직접 제작하고자 하는 분에게

드림캐처를 제작하기 전에 자기에게 집중하는 명상과 기도 시간을 가지면 내면의 중심으로 향하는 작업이 더욱 깊어질 수 있다.

명상에서 연상된 느낌을 따라 원석과 실과 기타 재료의 색과 형태를 선택하고 작업을 하다 보면 무의식의 내적 자기와의 만남이 자연스럽게 연결되어감을 느낄 것이다. 이때 마음이 움직인다면 과정에서 느끼는 감정의 흐름을 기록해가면서 그 감정과 느낌을 따라 작업을 이어가 보는 것이 좋다. 이 과정을 통해 예측하지 못한 더욱 풍부한 경험을 만나게 된다.

드림캐처가 완성되면 과정의 경험과 완성품으로부터 오는 느낌을 기록함으로써 자기와의 내적 대화를 이어갈 수 있다. 이 기록과정은 작업을 끝낸 시점에서의 경험을 한 번의 기록으로 끝낼 수도 있지만, 마음이 허락하는 한 계속해서 내면과의 대화를 글과 그림으로 질문하고 답하며 이어갈 수 있다.

모든 과정이 끝나면 마지막에 지금까지의 느낌을 토대로 드림캐처에 이름을 붙여주고 원하는 위치에 걸어둔다. 이후에도 드림캐처를 볼 때마다 떠오르는 느낌을 가지고 자기와의 대화를 계속하면서 내면 작업을 이어갈 수 있다. 그 느낌을 따라 새로운 드림캐처를 제작해가는 것도 가슴 벅찬 자기 사랑의 경험을 깊게 할 것이다. 뿐만 아니라 내면과 일상의 삶을 더욱 성숙하게 하는 길목이자 안전하게 대처하는 지혜를 발견하게 해 줄 것이다.

자기 발견과 치유작업으로서 워크숍에 참여하는 분에게

꿈 앤 만달라 워크숍은 여러 공방에서 흔히 진행되고 있는 드림캐처를 만드는 방법을 배우는 클래스와는 전혀 다른 형태로 진행된다. 첫 작업은 드림캐처를 만드는 방법을 익히는 데에 초점을 둘 수밖에 없지만, 방법을 익힌 다음부터는 세 가지 유형의 특정 목표를 가지고 힐링 워크숍의 형태로 진행한다.

지역사회 주민들의 정신건강과 성숙한 자기를 위한 내면 작업에 초점을 둔다.

정신건강 또는 상담과 심리치료 영역의 종사자와 자원봉사자, 그리고 정신의학 영역에서 일하는 분들과 예술치료 전공자와 관련 전문가들은 임상에서 역전이를 피해 갈 수 없다. 꿈 앤 만달라 워크숍은 이러한 역전이에 대한 대처와 임상가들의 쉼과 힐링의 기회이자 전문가로서의 개인의 성숙에 초점을 둔다.

꿈 앤 만달라 워크숍은 정신적 혼란으로 아프거나 어떠한 사유로든 고통받는 분들, 상처받은 마음의 갈등을 겪고 있는 부부와 가족, 위기 상황에 있는 개인이나 가족의 집중치료에 초점을 둔다.

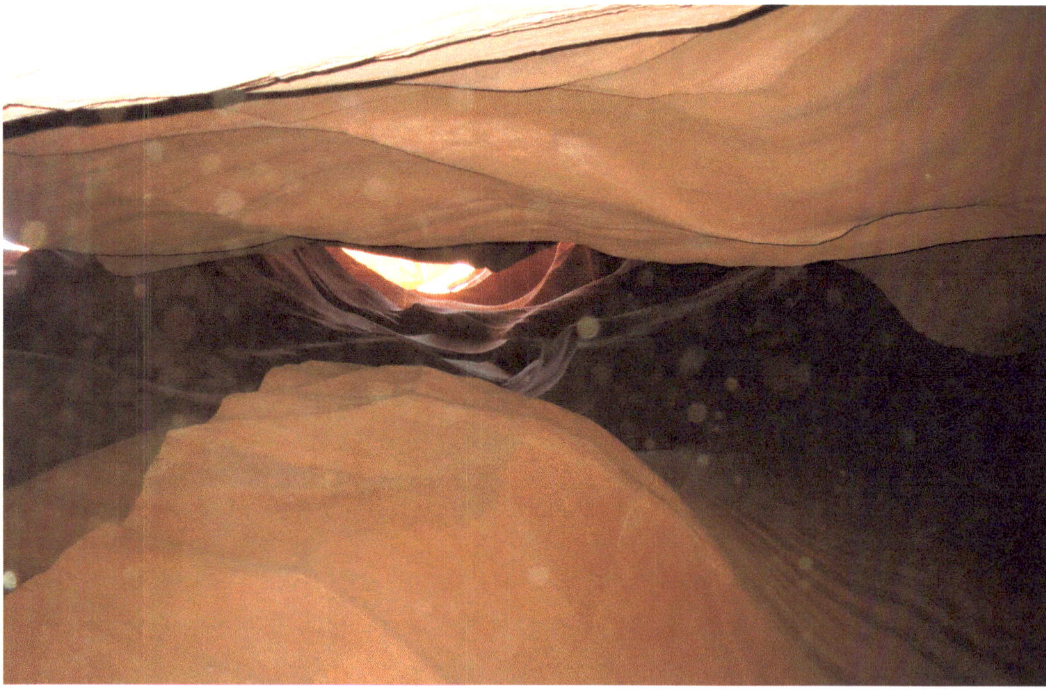

드림캐처 시작은 북미 원주민으로부터

드림캐처는 북미 원주민들의 오랜 전통으로,
아시비카시라고 불리는 한 여인에게서 시작되었다.

아시비카시는 오지브웨족의 땅과 아이들을 돌보며 부족의 번영을 기원해 주는 수호신으로 많은 이들이 자신의 아이가 이 여인의 돌봄을 받기를 원했다고 한다. 그러나 모든 아이가 이 여인의 보호를 받을 수 없었기에, 엄마와 할머니들은 아이를 위해 버드나무 가지로 테를 만들고 쐐기풀 등으로 끈을 만들어 그물을 엮어 침대 머리에 걸어두고 수호신의 보호를 받을 수 있도록 했다고 한다. 또한 손자가 잠든 옆을 지키던 인디언 할머니가 거미를 구해주었는데 그 거미가 할머니에게 은혜의 보답으로 거미줄을 쳐서 나쁜 것들을 막아준 게 드림캐처의 시작이라는 이야기도 전해진다. 드림캐처의 의미에 대한 이야기는 인디언 부족마다 다소 차이가 있지만 공통적으로 무언가를 잡아내어 거르는 거미줄이 가진 특성에 근거를 두며, 좋은 꿈을 꾸게 하고 평안을 기원한다는 믿음은 동일하다.

드림캐처의 기본 형태인 링의 원형은 하늘의 태양과 달을 의미하며
원형 안에 있는 원석들은 이슬을 상징한다.

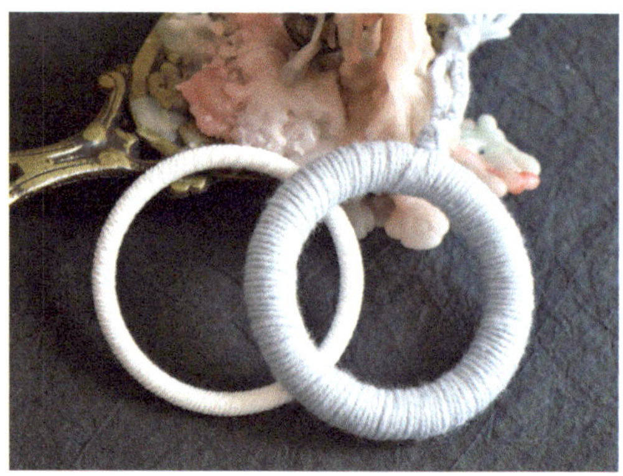

나쁜 꿈이 그물에 걸려 들어오지 못하고 있다가 아침이 되면 태양 빛에 의해 이슬이 되어 사라지게 되고, 좋은 꿈은 깃털을 타고 내려와 드림캐처를 가까이에 둔 사람의 마음속으로 스며들게 된다고 한다. 드림캐처는 1760년대~1970년대의 인디언 문화운동으로 인해 아메리카 대륙의 첫 번째 문명과 토착문화를 대표하는 상징처럼 사용되었고 이후 대중화되었다. 우리 사회에서는 대략 10여 년 전부터 드림캐처의 상징적 의미에 관심을 두며 특별히 의미 있는 선물을 찾고자 드림캐처를 선택하는 이들이 많아지고 있다. 소중한 사람을 위해, 때로는 인테리어 소품으로 그리고 자기만의 상징적 의미를 소유하고자 하는 분들에 의해 드림캐처가 선택되고 있다.

드림캐처 소재 구성에 담긴 상징적 의미

드림캐처 제작의 가장 기초가 되는 재료 사용법과 기초적인 기법을 알면 자기만의 드림캐처를 다양하게 만들 수 있다.

이 책을 처음 썼을 때는 일부 공간에 지름 6cm 링을 기준으로 한 기본적인 기법과 특정 디자인의 기법에 대한 제작과정 순서와 기술을 소개했었다. 그러나 내용 수정을 반복하면서 시중의 여러 채널을 통해 드림캐처 만드는 방법이 자세하게 소개되고 있음을 발견하였고, 유사한 내용을 이 책에서 반복할 필요가 없다고 생각되어 수정과정에서 삭제하였다. 따라서 본책에는 꿈 앤 만달라가 부여한 '중요한 상징적 의미'만을 담기로 했다.

첫 시작은 본연의 자기 상징으로부터

꿈 앤 만달라 드림캐처를 만드는 처음 과정은 본질의 특정 의미를 부여하여 염색하지 않은 천연 면사를 사용하여 링을 감고 그 위에 털실을 다시 감거나 그 털실 위에 다시 레이스를 감아 그날의 작업에서 자극된 욕구와 바람을 담은 기도로 시작된다.

드림캐처의 기초 토대인 링 작업의 시작에서 염색하지 않은 천연 면사를 감는 이유는 외부 상황이나 환경에 의해 오염되지 않은 본연의 타고난 자기를 상징화하기 위함이다.

모든 사람은 현재의 모습 이전에 출생했을 당시의 자기가 있다. 그 자기는 온전하지 않은 상태로 와서 부모가 제공하는 돌봄 환경을 경험하면서 타고난 자기를 완성 시켜가는 과정이 있는데, 그 과정에서 '나'라는 개인의 기초성격이 형성된다.

이때 우리는 자신의 의사와 상관없이 부모와 환경의 영향을 받으면서 본래의 자기에 색이 입혀진 지금의 자기로 성장해 왔다. 색이 입혀진 자기에 대해 우리는 만족할 수도 있고 그렇지 않을 수도 있다. 또한 보여지는 현재 삶의 모습이 진정한 욕구일 수도 있고 거짓일 수도 있으며, 때로는 자기가 무엇을 원하는지조차 모를 수도 있다.

그러한 개인들에게 나다운 자기의 모습으로, 더욱 풍요로운 자기 사랑을 확인하는 기회가 되기를 바라는 마음으로 인디언의 토속문화인 드림캐처가 가진 본래 의미에 나의 의도성을 추가하였다. 그것은 진정한 자기의 본질이라는 의미로 드림캐처의 시작에 천연 면사를 연결하였고, 천연의 기초 작업이 그동안 무시되었을 수 있는 자기 발견의 기회가 되고 통로가 되길 바란 기도이다.

삶의 울타리이자 현재 삶에 닿게 한 자기 상징, 색으로 채운 링

본질의 자기 상징인 천연 면사 위에 사용하는 실은 어떤 것이든 좋다. 원하는 유형의 실과 색을 선택하면 된다. 명상 과정에서 연상된 색과 질감이 있다면 그 연상을 따라 선택하는 것이 자기 탐색에 더 가까이 갈 수 있는 지름길이 될 수 있다. 그러나 드림캐처 제작 시작 전에 저널에서 소망하는 의미를 부여했거나 자주 사용하는 익숙한 색, 또는 다른 의도를 가진 선택이라 하더라도 자신이 선택한 모든 것에는 부정할 수 없는 자기가 함축되어 있으므로 내면 탐색에 무리는 없다.

이때 특별히 생각하거나 계획한 링의 두께가 없다면 털실 감기는 두 번 정도 감는 것이 무난하다. 만약 털실 위에 레이스를 감기 원하거나 레이스가 다소 두께감이 있다면 털실은 한 번만 감아도 되지만 두께감이 있는 링을 원한다면 털실을 두 바퀴 감은 위에 레이스를 감으면 된다.

길을 비추고 기다려주는 시간의 상징, 링 고리

드림캐처를 어딘가에 걸어 두고자 할 때 필요한 링의 고리에는 언제라도 내가 나를 만나는 시간을 기다려주었으면 하는 바람이 담겨있다.

천연 면사 위에 털실을 감기 시작할 때 남겨둔 실과 맞닿는 위치에 두 바퀴째의 실이 오면 남아 있는 시작 실과 마지막 실을 모아 드림캐처를 걸 수 있는 고리를 만들면 링의 기초 틀이 완성된다. 링의 외부 중앙에 위치하게 되는 고리를 만드는 방법은 몇 가지가 있지만 꿈 앤 만달라는 세 갈래 땋기를 받아들여 일반화하고 있다. 고리의 길이 역시 정해진 규칙은 없으며 원하는 길이를 선택하되, 긴 고리를 원한다면 털실을 감는 첫 시작에서 원하는 길이만큼 남겨두고 감기를 시작하면 된다.

이때 고리는 나를 기다려주는 시간의 상징이라고 칭한 만큼 아직은 손에 잡히지 않지만, 앞으로의 바람을 담아 추가 색을 넣어 땋거나 한쪽 또는 양쪽을 모두 세 갈래로 땋지 않고 실 가닥 그대로를 모아 묶을 수도 있다.

자기 사랑의 바람과 삶의 상징, 링 내부의 그물

흔히들 '인생은 여행'이라고 한다. 나의 삶이 아무리 비바람에 흔들리고 굴곡져 힘들다 해도 우리가 가는 길 한걸음은 햇살이고 또 다른 한걸음에는 노을도 있다.

겹겹이 쌓인 발걸음으로 온 삶의 무게만큼, 아무리 돌부리에 넘어져도 또다시 일어나 자기 사랑으로 채운 여행길처럼, 그물에 점 하나 찍고 또 건듯 링 안의 그물은 건너뛰어도 촘촘히 이어도 내가 듣고 보고 느끼는 기적 같은 흔적으로 올 것이다. 링 내부의 그물은 규칙적이든 불규칙적이든, 때론 실수로 건너뛰었다고 하더라도 그 어떠한 것도 모두 내 안의 의미로 다가와 깨우침을 주므로 마음이 움직이는 대로 따라가면 충분하다.

일상과 내적 소망에 숨은 잠재력의 상징, 원석

그물에 의해 걸러지는 꿈의 상징적 의미를 담고 있는 드림캐처의 원석은 인디언의 유래에 꿈 앤 만달라가 의미 부여한 현실의 삶과 내적 소망에 숨은 잠재력을 연결하고자 했다.

원석은 사전에 색과 상징적 특성을 고려하여 선택할 수도 있고 마음이 가는 원석을 무작위로 선택할 수도 있으며, 연상 이미지를 따라 선택할 수도 있다. 그것이 무엇이었든 그 의미가 자기에게 어떤 메시지를 전해주는지를 찾아가는 과정은 의미 있는 경험을 가져다줄 것이다. 원석은 그물 짜기가 한 바퀴를 돌아 첫 번째 고리 시작 위치에 도달하고 두 번째 바퀴를 돌아가면서부터 바람과 연상 이미지를 따라가면서 마음이 움직이는 위치에 원석을 수놓아가면 된다. 그물 짜기가 마지막 중앙까지 오고 그 정도면 충분하다고 생각될 때 바늘을 뒷면으로 빼 원하는 원석으로 지금까지 담은 바람의 또 다른 숨은 빛을 상징화할 수 있다.

내 안의 꿈을 전하는 메시지의 상징, 깃털

드림캐처의 깃털은 그물을 통해 들어온 행운을 내게 가져다준다고 전해져왔다. 꿈 앤 만달라는 깃털이 전하는 본래의 상징성에 바람의 심리적 의미를 연결하여 내 안의 숨은 꿈을 찾아가도록 길을 비추고 전해주는 선물로써 깃털이 가진 상징성을 담았다.

깃털을 선택할 때는 시작 명상에서 본 색과 형태와 느낌을 따라가면 되지만, 링을 완성한 후의 느낌을 따라 선택해도 무관하다. 매달고자 하는 깃털의 수와 길이, 그리고 유형도 색을 선택할 때와 마찬가지로 마음이 움직이는 대로 따르면 된다. 연상과 느낌이 아닌 아름다움을 따라 선택하는 것 역시 같은 형태를 기계적으로 반복하는 것이 아니라면 어떠한 표현도 내면과 현실에서의 자기 반응과 맞닿아 있다고 볼 수 있다. 그러므로 그 안에서 움직이는 내 안의 소리를 듣고자 하는 욕구만 있다면 예측하지 못한 숨겨진 자기만의 귀한 선물을 발견할 수 있을 것이다.

다양한 이야기가 있는 드림캐처

꿈 앤 만달라 드림캐처는 그날그날의 기도에서의 연상을 따라 작업이 이루어진다.

때로는 탄생일의 축하, 특별한 날의 감사, 결혼과 결혼기념일의 축하, 우정, 사랑, 건강 회복, 전염병 예방, 여행길의 수호, 불면증 극복, 합격, 승진, 개업 및 사업번창 등의 의도적인 주제를 가지고 기원을 담아 작업을 할 수도 있다. 주제를 사용하는 경우는 그 주제와 관련된 상징적 의미를 가진 원석을 미리 선택하고 기타 다양한 재료들을 준비한 후에 그 주제에 연결된 연상을 따라가면서 기도 마음을 담는다.

녹 빛 산을 타는 아이

숱한 고뇌 털어내고
자신이 할 일에 설렌 마음 안고
두려워하지 않고 감사하며
새로운 사랑을 배워가는 오늘

온 산이 네 향기로 가득 하구나

마치 얽히고설킨 숲속 넝쿨에서
오랜 세월 숱하게 피워낸 풀꽃처럼
청순하고 곱지만 강인하고 오묘하고 도도해서
매혹적이기마저 한 너

설렘으로 안은 너의 오늘은
그리고 또 서둘러 가는 너의 내일은
더 풍요한 맘으로
사랑할 일만 있겠다 싶다.

딸에게…

키링 · 책갈피 · 가방 · 자전거 · 킥보드 · 자동차에 다는 드림캐처

일반적으로 자동차에 사용하는 드림캐처는 6cm 내외의 크기를 선택하는 경우가 많지만, 시야가 가려지는 것이 싫다면 4cm 이내 또는 2.5cm 정도의 키링을 선택할 수 있다. 사용하려는 용도와 바람에 따라 드림캐처에 담기는 원석은 다르다. 자동차와 킥보드 또는 자전거에 달고자 하는 드림캐처는 여행자의 수호석을 주 소재로 사용한다. 가방에 다는 드림캐처는 여행자 수호석에 사랑과 자유와 보호와 자신감의 의미가 담긴 원석을 포함하기도 하고, 책갈피는 학습과 집중력과 논리성을 돕는 원석을 주로 선택한다. 이처럼 욕구에 따라 선택되는 소재가 달라질 수 있지만 모든 드림캐처에 포함되는 공통적인 기초 원석은 건강과 행복과 평안과 보호와 치유를 상징하는 원석들이다.

키링과 같은 2cm 전후의 작은 드림캐처 제작은 기본 기술에서와는 반대로 깃털을 정리하고 엮는 것으로부터 시작한다. 준비된 깃털을 링에 연결한 다음, 남은 실로 링을 감아가고 이어서 그물을 만들어가면서 원석을 수놓는 방식으로 진행하는 것이 특성이다. 기본적인 방법과는 달리 깃털부터 시작해가는 이유는, 가방에 다는 드림캐처는 흔히 2.5~6cm 정도까지의 다양한 크기를 사용하지만, 키링과 책갈피의 경우는 2.5~3.5cm 정도의 작은 링을 사용하기 때문이다. 처음부터 끝까지 실이 끊어지지 않고 연결되면 매끄러운 느낌의 마무리가 가능하다.

실 선택 역시 3.5cm 이하의 작은 링을 사용할 때도 기본 기술에서처럼 자기 본질의 상징인 천연 면사를 사용할 수 있다. 그러나 작은 링에 이중으로 면사를 사용하고 그 위에 털실을 사용하게 되면 링의 내부가 너무 작아져 원석을 수놓을 공간이 여의치 않게 된다. 따라서 자기 본질을 상징하는 면사는 의미만 부여하기도 한다. 또한 실의 종류도 자수실 대신 털실을 사용할 수 있으며 무엇을 선택하는지는 제작자의 선호도에 따라 달라질 수 있다. 하지만 꿈 앤 만달라는 광택과 매끄러움의 느낌 때문에 털실을 사용하지 않고 처음 시작부터 마무리까지 프랑스자수 실을 사용하고 있다.

막내딸의 해외 첫 자유여행

처음으로 친구와 익숙하지 않은 곳으로의
여행길에 나선 막내딸
심야버스 타고 대구 공항에 도착했단다.

아침 먹어야지? 피곤하잖니?
햄버거로 대신했어, 아직 괜찮아… 전화선을 타고 온 목소리에
힘이 느껴져 안심이다.

친구와 함께 떠나도
여행은 늘 혼자 가는 것이거늘

여행길에 보고 만나는 모든 것이
너의 무엇을 자극하든 살아있음의 동행임을 느끼고
내일을 시작하는 선물이길 바라본다.

서두르지 않고 천천히 즐기고 느끼고
돌아올 때는 너의 마음속에 발견된 또 다른 너와
손잡고 함께 오겠거니…

이 모든 것이 감사함이다.

드림캐처는 여행자의 몸과 마음이 보호되길 바라는 기원을 품고 있다. 가벼운 여행이든 비교적 긴 여정이든, 언제라도 드림캐처를 지니는 것은 우리의 자유로운 영혼을 돌보고 지켜주는 수호자와 함께 떠난다는 위로의 의미를 지닌다.

생일 축하 드림캐처

1월 가넷

2월 자수정

3월 아콰마린

7월 루비

8월 페리도트

9월 사파이어

4월 다이아몬드 & 백수정

5월 에메랄드

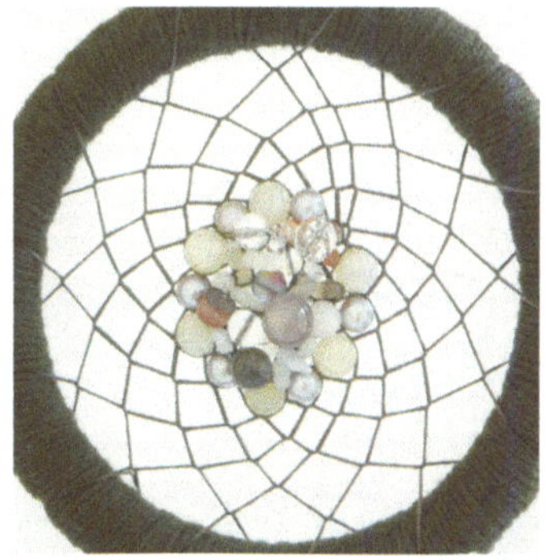

6월 진주

10월 오팔

11월 토파즈

12월 터키석 & 탄자나이트

소중한 사람의 생일을 축하하기 위해 선택하는 드림캐처는
어떠한 의미를 부여하든 나름의 가치가 있지만 주로 탄생석을 사용한다.

탄생석에 얽힌 이야기는 주는 이와 받는 이의 마음을 행복하게 한다. 필요에 따라서는 탄생석 외에 우정과 사랑, 건강과 행운, 그리고 목표성취의 기원을 담기도 한다. 또한 현재 상황에 필요한 기도가 담긴 내용의 드림캐처를 선택할 수도 있다. 탄생석과 각각의 원석에 얽힌 이야기는 책 마지막에 별도로 실었다.

친구들과 춘천에 머문 날

소풍 가는 날 비 오는 하늘 탓하며
아쉬움을 금치 못하는 어린아이처럼

창밖을 보고 또 보며 장 우산을 들었다 놨다

모처럼의 나들이에 나선 내 친구들
혹여라도 오는 길이 힘들까…

장대비 내리더니 차창 밖 풀과 나무는
유난히 빛나고 짙다.

아침의 걱정이 무색할 정도로
하늘은 적당히 구름과 햇살로 뒤섞여 좋고

전문 가이드 못지않은 은행나무 사장님의 안내는
우리로 하여 숲과 물에 흠뻑 젖을 여유 가져와 주니

내 친구들 즐겁고 웃는 얼굴 그저 순수하기만 하다.

좋은 하나라도 더 나누어 건네는 마음
진하고 깊은 맛을 내는 오랜 양념처럼
달콤하고 구수하고…

이런 인연 품었다는 이유 하나면 내일도
우리 충분히 행복할 거다.

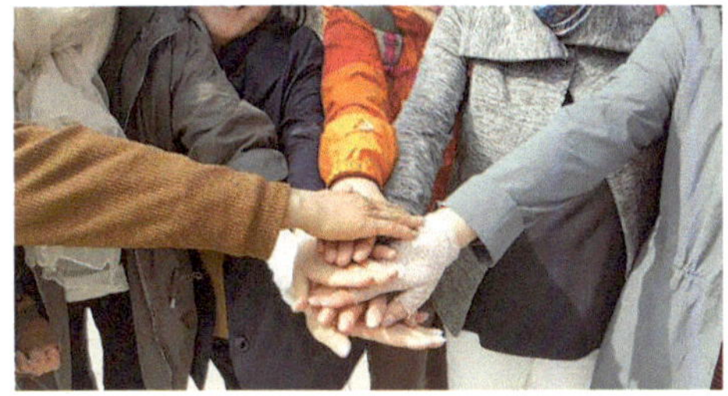

친구들과 소금산 횡성호 나들이

물과 꽃과 연회 빛 하늘이 어우러진 외출
거창하지도 그리 화려하지도 않은
우리의 거사 앞에서
부족할 것 전혀 없는 여유로운 시간이다.

강둑 산길에서 덤으로 가져온 쑥 향기는
함께한 시간 되돌려
꿈속으로 가져가기에 망설임이 없으려니

앞으로 올 날에 또 한 발 내디딜 정겨운 기원이…
모든 게 답이고 모두가 그늘이고 모두가 빛이어서
빈손 가득 웃음으로 햇살로 채웠으니

오늘 저 길을 함께 딛고 걸어가면
내일 맞을 오늘이 또 와 있겠지

하얀 도화지에 그린 너와 나 우리의 길은
그렇게 내일을 향하고 답하여
서로가 작은 위안이 되어 돌아오는 빛이니까

우리의 울타리 안에 너 그리고 나

몇 개의 중첩된 빛이 만들어 낸 공간처럼
다름의 부분이 화음을 이루어
세상의 아름다움 오로지 이 안에 다 있다 싶다.

코스모스 밭 건너 억새밭으로 간 세 자매

일요일의 이른 아침
동생들과 관사 안길 코스모스밭 향기에 취하고
맑은 하늘에 아픈 지난날도 그리움으로 새겨
행복해진 맘 안고 재잘재잘
억새밭으로 향하기 바쁘다.

괜찮니? 쉬었다 갈까…?
예전 같지 않은 둘째의 건강 상태
염려하는 언니와 동생 사이에서
아랑곳 않고 여행 계획 세워야 한다며
다그치는 둘째

단순하면서도 언제나 반갑고 그립고
지친 일상에 위로가 되어주는 자매 사이

둘째 아들도 시간 쪼개어
이모들 점심 대접하겠다 달려와 주고
나눠 먹고 위로하며
가슴으로 만나는 작은 행복 챙겨 든 날이다.

그렇게 오늘 함께한 시간처럼
일상의 무엇이든 행복이라 여기며 오늘을 걷고
또 내일을 동행해 걷고 향하자.

‘나’로 돌아오기 위한 첫 여행의 도착점

20년이 훌쩍 넘은 과거의 어느 날,
혼자 떠난 여행의 첫 도착점이 미주지역이었다는 사실은 우연이 아니었다.

여행길에서 만난 드림캐처가 나의 일상과 치료공간에 연결되기 시작하고 이후 예술치료와 만다라와 드림캐처로 이어진 임상적 의미가 많은 분의 소망과 위로의 선물로 전해지기까지 참으로 많은 시간이 흘렀다. 드림캐처를 치료관계에서 처음 사용할 당시, 나는 드림캐처 기법을 다 알지 못했다. 미주 여행길에서 만난 원주민 여인의 안내를 통해 짧게 경험한 드림캐처 기법도 다 기억하지 못한 채, 또한 알고 있다고 생각했던 부분들도 마음처럼 되지 않은 상태에서 만다라를 그리듯 손이 움직이고 마음이 가는 대로 동그라미 안에 원석을 수놓고 바느질하며 드림캐처 만들기를 시도했다.

그렇게 나는 내 안에 살아있는 심혼을 만나고 대화의 통로로서 드림캐처에 빠져들면서 사랑하는 이들에게 다가갔다.

나의 안내가 어설펐음에도 불구하고 치료실에서 함께 한 그들은 즐겁고 만족해하면서 1년을 훌쩍 넘긴 시간 동안 드림캐처에만 몰두하기도 했다. 조현병으로 진단받고 나와 함께 청소년기를 보낸 이들, 불안장애와 강박장애 진단을 받은 사람, 우울증으로 일상생활을 유지할 수 없을 정도로 무기력한 사람, 성격장애로 적응적인 삶을 살지 못하는 사람, 불안으로 좌절하는 ADHD 진단을 받은 아이와 그 아이로 인해 갈등하는 부모와 형제자매들, 학교폭력이란 낙인으로 갈 수밖에 없었던 상처 많은 아이들, 자녀와 배우자의 성격과 행동 특성으로 인해 생기는 심적 고통과 갈등으로 개인과 가족의 삶이 좌절된 사례들, 성인이 되었어도 어린 시절의 상처에서 벗어나지 못해 속앓이 하며 슬퍼하고 분노하던 이들, 무엇이 원인인지조차 모른 채 약물치료에만 의존해 있던 사람들, 그 외에도 다양한 이유로 역전이를 감당하지 못해 자신이 아픈 치료사들의 사례들… 그들과 함께 한 꿈 앤 만달라 드림캐처는 삶의 통합적 의미 자체로서 치유이자 소망이었다.

그렇게 내게 드림캐처는 만다라의 연관성과 창작과정이 주는 치유성과 개인의 내적 욕구와 가능성을 발견하게 하고 안내받고 위로받는 통로로서 의미가 가득한 전체성으로 다가온 선물이었다.

만다라의 연속선상에 있다

드림캐처는 어머니가 아이를 보호하기 위해 만들어준 것이고, 이는 인디언의 소중한 토속문화이다. 드림캐처가 전 세계인들에게 전해지는 과정에서, 원주민들의 역사적 상처와 삶의 애환이 가볍게 취급되는 것이 아쉬웠다. 드림캐처가 단순히 좋은 꿈을 꾸게 하고 행운을 가져다주는 부적과 인테리어 소품 정도로 인식되고 있었다. 여기에서 나는 인디언의 토속문화인 드림캐처가 가진 보호적 돌봄의 가치와 예술성을 만다라의 치유성으로 연결하고자 하였다. 이 연결에 담긴 의도는 드림캐처의 기본 틀인 둥근 원형이 가지고 있는 상징적 의미인 태양과 달과 별의 순환적 움직임이 만다라의 순환적 의미와 전체성과 일치한다고 보았기 때문이다.

꿈 앤 만달라 드림캐처가 가시적으로 형태화되고 보는 이로 하여금 아름다움을 느끼게 하는 하나의 작품으로 모습을 드러내기까지는, 명상과 기도로 시작하는 창작자의 비가시적인 내적 마음과 신체가 소우주로 사용되어 나타나는 내적인 만다라라는 사실의 발견이 있었다. 여행길의 원주민할머니와 어머니와의 만남은 원으로 시작하는 드림캐처의 상징적 표현으로서 태양과 달, 신과 인간, 생명의 창조와 우주의 상호작용을 나타내는 만달라로 이어지게 했다. 삶의 모든 일이 하나같이 원으로 이뤄졌다고 말하는 인디언의 원형적 순환적 세계관에 대한 신뢰가 있었기에, 인간의 정신과 삶의 내적인 영역과 외적인 영역의 공존을 연결하는 고리로서 드림캐처의 다양한 상징적 표현에 대한 꿈 앤 만달라의 작업이 가능했다.

드림캐처를 창작하는 동안 개인은, 자기 삶의 영역이 만달라가 의미하는 우주적 영역과 신적인 영역과 소통하게 하는 무한의 공간에서 생명과 우주와의 관계와 자기의 본질을 깨닫게 되는 가슴 벅찬 경험을 하게 된다.

드림캐처 치유성을 만나다

신성과 우주적 영역을 거론하지 않고도 창작과정이 갖는 치유성만으로도 드림캐처는 충분히 의미가 있다. 드림캐처의 기초 틀인 링의 가장자리로부터 중심을 향해가는 창작과정은 일상의 근심 걱정을 잊고 자기에게 집중하게 하며, 작업속도에 따라 호흡도 규칙적인 리듬을 따르면서 안정감을 찾게 되고, 링의 둥근 형태를 따라 모난 마음도 원만한 리듬을 따르면서 균형을 이루어가게 된다.

이 과정은 또한 자기와 일체가 되어 진정한 자기를 만나는 통로이자 다리가 되어준다.

드림캐처 원형을 완성하고 깃털을 달아가는 과정은 온전히 드러냈던 자기를 위로하고 돌보는 작업으로 연결하게 하므로, 전체과정은 진정한 자기와 만나고 스스로에 대해 깨닫고 돌보는 총체적인 치유과정으로 손색이 없다.

외부에서 내부를 향해가고 다시 외부를 완성해 가는 드림캐처의 창작과정은 집중력이 제한적인 사람의 정신을 모아 주어 중심으로 향해가게 하고 외부와의 소통을 유연하게 연결하는 효과를 가져다준다. 그러므로 무력한 마음을 움직여 중심에 도달하고 세상과 소통하려는 의욕을 불러일으키는 반면, 혼란스럽고 갈등하는 마음에 내적인 고요를 체험하게 하고 산만한 경향이 있는 사람의 집중력을 향상시키므로 교육적 · 학습적 효과 또한 기대할 수 있다.

내 안의 숨은 꿈을 찾아가다

기도로 시작하는 꿈 앤 만달라 드림캐처가 내적 욕구와 잠재된 능력을 발견하는 길로서 만다라의 상징적 의미와 연결되어 갖는 의미는 다음과 같다. 중심으로 향하는 방법적인 창작과정이 외적 요소와 만나 완성되는 특성 자체가 시시각각 혼란으로 이끄는 사람의 심리적 분열 상태를 통합하여 불안으로부터 자유로 안내하고, 일상의 스트레스로부터 자기를 보호하고 극복하게 하는 힘을 갖게 한다. 늘 곁에 있다는 상징물로서의 의미 또한 진정한 자기를 찾아가는 길에 동행하는 살아있는 내적 동반자로서 작용한다는 점이 주된 의미이다.

만다라의 기본 형태와 같은 드림캐처의 기초 틀로서 원형은, 직접적이고 가장 가까운 우리 몸의 세포로부터 우리가 생활하는 자연현상과 우주의 형태 그리고 아침이 와서 밤이 되는 하루 24시간의 반복과 24시간이 반복되면서 오는 봄, 여름, 가을, 겨울 4계절이라는 365일 1년의 반복성을 담고 있다.

이 원리는 우리의 신체, 그리고 세상의 모든 원리 및 흐름의 기초와 연결되어 있다. 다시 말해 드림캐처와 만달라의 원이 가진 의미는, 우리가 의식적 · 무의식적으로 원형의 흐름 속에서 살아오고 있고 동서양을 막론하고 떼려야 뗄 수 없는 문화적 초월적 정신적 의미를 담고 있는 삶의 이치이다.

우리가 살아가는 하루의 24시간은 그처럼 자고 일어나 일을 시작하고 원하든 원치 않든 삶 속에서 어떤 경험을 하게 되고, 그 과정에서 죽고 싶을 만큼의 힘든 고통이 와도 다음 날에는 해결책이 있겠지… 이제는 할 수 있을 것 같은 희망을 꿈꾸면서 하루를 시작한다.

드림캐처와 만달라의 원형이 갖는 의미는 그처럼 삶의 원리와 조화를 깨달아 가면서 우리가 아침을 맞이하듯 삶에서 일어나는 모든 경험과 자연의 이치와 의미와 상호관계를 체험하게 하는 것과 연결된다. 그러기에 드림캐처의 제작과정은 자연스럽게 자기 내면의 욕구를 발견하고 답을 찾고 다시 시작하는 순환적 체험이자 치유 그 자체이다.

원형의 틀과 천연의 재료와 집중도를 요구하는 도구를 사용하는 드림캐처 작업은 무력한 사람에게는 욕구를 불러일으키고, 혼란스러운 사람에게는 질서와 통찰의 길을 찾게 하고, 불만족과 화난 마음과 제어되지 않는 들뜬 흥분에는 완만한 마음의 여유를 안겨준다.

그러한 의미에서 꿈 앤 만달라 드림캐처 제작 방법과 과정은, 어떠한 어려움과 고충을 안고 있는 사람이든, 또한 나이가 많든 적든 그 시기에 필요한 외적 요구와 내면이 원하는 욕구와 성취를 향하고 진정한 자기를 찾아가는 길이 된다. 치유적 · 교육적인 의미가 있고 자기만의 개별성과 내적 힘을 발견하게 하며 자아 성취를 가져다준다. 궁극적으로는 진정한 자기실현으로 향하게 하는 총체적 전체성으로서의 의미를 갖는다.

사람은 누구나 자신의 정신 깊숙이 자리하고 있는 욕구를 충족하기 위해 어떠한 방식으로든 표출할 수 있는 통로를 찾고자 한다. 그리고 기회가 되면 어떤 방식으로든 자기 능력을 발휘할 수 있게 된다.

따라서 링과 실과 원석과 깃털 등 다양한 재료를 사용한 드림캐처 작업은, 선택하고 만지고 나열하는 작업 과정에서 정신 깊이 갇혀있던 에너지를 방출하게 하고 형태를 갖춰가는 과정에서 승화의 경험을 일으킨다. 이것은 놀이적인 창조 활동에 함축된 생산적인 행위이자 결과물인 드림캐처의 완성으로서 자기만의 창조적 세계를 만나는 여정으로 만족 되기 때문이다. 이것은 예술치료에서 매체를 사용한 창작행위 과정이 살아있는 위로의 대상으로 사용될 수 있는 것과 유사하다.

링에 면사를 감고 그 위에 털실이나 레이스를 감으면서 자기만의 안전한 환경을 준비하고, 그 안에 그물을 엮어가면서 원석이 수 놓이는 이 과정과 경험 자체에서 스스로 독립적으로 살아갈 수 있는 자기 능력을 확인하게 된다.

그것은 경험 자체로서 무엇을 만들지 생각하고 고민하는 과정도 의미 있지만 느낌으로 오는 만족감을 통해 우뇌가 활발히 움직이고 본능에 충실해지는 변화를 경험하게 된다. 그래서 사람들은 이 작업의 결과물을 두고, 때로는 마켓에서 타인이 만든 드림캐처 전시물을 보고 눈시울을 붉히기도 하고, 내 마음이 여기에 있다며 놀라기도 하고 맑은 영혼을 만나고 그리움을 떠올리기도 하고 속마음이 들켰다고 말하기도 하는 것이다.

꿈 앤 만달라 드림캐처는 이러한 의미를 토대로 탄생했다.

작업 과정과 방법은 아름다운 디자인을 구상하고 계획하여 기계적으로 형태를 반복해서 만들어가는 것이 아니라, 만다라의 연속성이 갖는 치유작업과 다르지 않으며 연상의 순환을 따라가며 변화된 반복성의 작업이 계속해서 이루어진다. 그러한 과정에서 내면에 억압되어 있는 자기와의 대화가 연결되고 진정한 자기를 찾아가는 여정이 시작된다.

때로는 의식적인 요구를 따라 특정한 주제를 사용한 작업을 할 수도 있다.

이 경우는 앞의 방법과는 다소 다르게 위로와 지지, 사랑, 가족관계, 안전한 여행, 질병과 전염균으로부터의 수호, 집중력과 학습, 목표성취, 성공적인 미래, 평온한 마음, 행운, 행복, 편안한 수면, 건강, 일상의 수호, 친구와 우정, 탄생일과 특별한 날의 축하, 합격 등의 주제를 사용하여 삶과 관계에서 기대하는 기도 마음을 담을 수 있다. 이때는 소망을 포함하고 있는 상징석과 기타 재료들을 먼저 준비하고 명상 기도를 시작하게 되지만, 작업 과정과 결과물은 기도와 연상으로부터 시작한 결과와 다르지 않게 무의식의 욕구로 연결된다.

그것의 본질은 개인이 가진 타고난 창조적 능력이다.

그 능력을 믿는 한 내 안의 진정한 꿈을 찾아가는 여정에서 발견된 욕구와 과제를 위한 안내와 돌봄은, 드림캐처의 모든 시점과 과정에서 멈추지 않고 자극되고 더 나아가며 연결될 것이다.

내 안에 머물기 위한 소재를 발견하다

드림캐처 제작에서 재료 사용에 반복해서 나타나는 숫자나 색과 원석이 수 놓이는 공간의 위치 사용과 같은 과정의 표현들은 개인마다 각각의 특정 의미를 가진다. 이러한 요소들과 관련하여 내면 작업으로서의 드림캐처는 선택한 재료를 어디에 어떻게 나열하여 아름답게 표현할 것인지를 이미 구상하고 계획했다기보다는, 마음의 눈에서 본 이미지를 표현했을 것이다.

판매되고 있는 대부분의 드림캐처는 상품으로서의 가치가 목표이므로 아름다운 디자인에 초점을 맞추어 동일한 형태를 대량으로 제작해낼 것이다.

그러나 자기를 찾아가는 통로로서 드림캐처의 방향은 만다라를 그리듯 명상과 기도에서 만나는 연상을 따라간다. 마음의 움직임을 따라 색과 원석과 위치와 형태를 드러내므로 같은 작품이 나올 수도 없지만, 각각의 드림캐처에 유사한 모습이 표현된다 해도 의미는 다르다. 연상을 따라간 드림캐처는 오직 그 순간에 떠오르는 바람과 그 사람을 위한 기도를 담아낸 것이기 때문이다.

그 기도의 완성을 향한 소재 선택은 내 마음의 방향을 알려주는 나침반 역할을 한다.

이에 필요한 내용은 '내 안에 머물기 위한 소재의 상징성'이라는 제목으로 이 책 끝부분에 별도로 첨부되어 있다.

내 안의 심혼에 더 가까이 가기 위해 공간을 마련하다

안전감을 느끼기 전에는 내면에 가까이 갈 수 없으므로 작업 공간의 분위기가 매우 중요하다. 자기 작업에 익숙하지 않은 사람은 집중이 쉽지 않을 수 있으므로 개인의 필요에 따라 편안함을 느끼는 아로마와 소리를 사용할 수 있다. 그러나 향이나 소리와 음악이 내면의 솔직한 소통을 방해하고 특정 분위기를 유도할 수 있으므로 익숙해지면 사용하지 않는 것이 오히려 더 도움이 된다. 작업에 필요한 재료들은 계획적인 선택보다는 기본재료의 다양성을 고려한 준비가 더 자연스럽다. 기본재료에 그날 특별하게 마음이 가는 몇 가지 재료들을 추가하여 명상 직후의 느낌에 곧바로 반응할 수 있도록 손이 잘 닿는 거리에 타원형으로 배치하여 준비하면 솔직한 내면의 요구를 찾아가는 데 도움이 된다.

명상 기도를 통해 외부 상황들로부터 지금-여기로 집중하는 연습을 반복해서 하다 보면 자신도 모르는 사이에 내면의 자기와 대화하는 방법을 익혀 가게 된다. 외부의 상황들에서 벗어나 마음이 안정되고 자기와의 대화가 가능해지고 형상과 색이 연상되면, 앞에 있는 시작 저널을 기록하고 그 느낌으로 재료들을 선택하여 연결해가면 된다. 또는 연상되는 색과 형태를 따라 재료선택을 먼저 하고 저널을 기록하거나 작업이 끝난 후에 기록하는 것도 의미가 있으므로 개인의 욕구와 필요에 따라 선택하고 이 과정을 거치면 될 것이다.

드림캐처가 완성되면 표현된 내 안의 소리에 집중하여 기억을 되살리면서 기록지나 내 안의 꿈 스케치를 사용하여 질문에 따라 답하고, 동시에 내면의 소리를 탐색하는 것은 자기 사랑의 지름길이 되어줄 것이다. 이것은 혼란한 마음속에서 중심을 잡고 싶을 때, 꿈을 향해 에너지를 활성화하고자 할 때, 새로운 나를 세우고 지키고 싶을 때, 위로가 필요할 때 언제라도 힘이 되어주는 친구로 그리고 수호의 길로 삼을 수 있다.

우리 모두 누구나 자기가 자신의 삶에서 중심이 되기 위해 어쩌면 평생을 다뤄야 하는 내면 여행을 원하고 있을 것이다. 그 여행에 필요한 잠재된 에너지와 꿈이 있다는 사실을 인정하는 것이 가장 먼저 이루어져야 한다.

마음 깊은 골짜기 작은 숲에 도착하다

작은 숲은 오랜 기간 나의 임상에서 사용해온 저널 작업을 변형한 '내 안의 꿈 스케치'이다.

드림캐처 작업 시작 전에 명상에서 경험했거나 연상된 이미지를 기록하거나 그림을 그리거나 드림캐처에 담고 싶은 기대를 기록한 후 작업을 시작할 수 있다. 드림캐처를 완성한 후에도 작업 과정과 완성된 결과물에서 느낀 점을 떠올리면서 내면의 자기에게 질문을 던지고 답하며 무의식에 잠재한 자기와 현실의 삶에 있는 자기와의 대화를 구체화할 수 있다.

어떠한 방법으로 작업을 진행했든 시작과 마무리에서 드림캐처에 담고 싶은 소망과 작업 과정과 결과물에 대한 느낌과 완성 후의 느낌을 기록하고 제목을 붙여보는 것은, 내면과의 대화를 깊게 할 뿐 아니라 자신의 작업을 더욱 풍요롭게 하고 진정한 자기에 가까이 가도록 돕는다. 결과적으로 저널을 쓰는 것은 자기 사랑을 회복하도록 안내하고 긍정의 에너지를 활성화하고 강화시켜 스스로 찾아가는 치유의 지름길이 되어준다.

저널은 다양한 방법으로도 시도해 볼 수 있으나 익숙하지 않은 사람은 드림캐처 작업에 들어가기 전, 침묵 명상을 통해 내면에 집중하는 시간을 먼저 가진 후에 그 느낌과 소망 기록으로 시작할 수 있다.

명상 직후의 느낌과 감정 또는 떠오른 생각, 내면의 자기와 만나는 과정에서 본 색과 형상과 공간과 흐름의 방향, 드림캐처에 담고 싶은 소망을 기록한 후 드림캐처를 시작하는 것이 작업의 집중을 도울 수 있다. 드림캐처를 완성한 후에는 과정의 느낌에 충분히 젖어 봄으로써 자기와의 대화에 가까이 가게 된다. 느낌에 반응하는 자기와의 대화를 돕기 위해서는 결과물을 완성한 후의 느낌이나 감정과 생각, 명상에서 연상된 모습과 결과물의 동일성과 차이와 이유, 링 안에 구성된 거미줄의 사이클 수, 링 안에 새긴 원석의 위치구성과 형태, 사용한 원석의 색과 종류, 링 밖의 원석과 깃털의 색, 특별한 느낌을 주거나 공통되는 숫자, 지금까지의 내용에서 발견된 특정 이미지나 느낌, 그리고 그 느낌에서 발견한 내적 의미와 현실 상황과의 관계에 대해 기록하는 것으로 시작할 수 있다.

지금까지의 과정과 관련된 내용이나 느낌을 주는 무언가, 또는 감정의 흐름 등. 무엇이든 좋으니 떠오르는 대로 현실의 자기와 내면의 자기와 대화를 시작한다.

이 작업은 마음이 움직이는 만큼 계속할 수 있고 이 과정이 모두 끝나면 드림캐처 작업과 저널 작업의 전체적인 느낌을 기록하고 제목을 붙이면 된다. 이 과정은 한 번으로 끝날 수도 있지만, 마음이 움직인다면 드림캐처를 볼 때마다 떠오르는 단어로 시작하여 기록 작업을 할 수 있고 때로는 그 느낌으로 새로운 드림캐처를 만들어가면서 저널 작업을 계속 이어갈 수 있다.

자기와의 대화 내용을 따라가며 생각과 느낌을 기록하면서 내 안의 꿈을 스케치하는 것은, 드림캐처의 창작과정에 녹아있는 자기 이야기를 구체화하여 스스로에게 질문을 던지고 진정한 자기를 만나는 출발점이 되어준다.

몇 차례의 경험으로 이 과정에 익숙해지면 저널에 무엇을 기록하는 것이 자기 탐색에 더욱 도움이 되는지 깨닫게 되고 기록지의 질문을 사용하지 않아도 자기만의 기록이 자연스러워질 것이다. '내 안의 꿈 스케치'에 작업 시작 전과 작업 과정, 완성 후의 느낌과 감정의 흐름과 현실적인 생각과 욕구 등 무엇이든 기록하고 색과 형태로 이미지를 표현하는 것도 자기 이해를 깊게 해 주므로, 개인의 욕구에 따라 선택할 수 있을 것이다. 시간과 마음의 여유를 가지고 현재의 자기와 내면의 자기와의 대화를 계속해 간다면 자기 탐구의 과정은 더욱 깊어지고 풍부해질 것이다.

우리의 일상은 늘 바쁘게 지나가기에 모든 일과가 끝나고 홀로 남겨질 즈음에야 오늘 내가 무엇을 했는지, 내가 원하는 하루를 살았는지를 생각하게 된다. 때론 후회로 씁쓸할 때도 있지만, 가끔은 하루를 돌아볼 잠시의 기회조차 없이 잠자리에 들기도 한다.

그동안 어떻게 살아왔든 지금부터 우리는 스스로를 돌아보고 소망하는 삶의 목표가 무엇인지 살피면서 진정한 자기 사랑을 시작해야 한다. 자기 사랑은 심연에 숨어있는 나를 만나고 그와 솔직하게 대화함으로써 완성해갈 수 있다. 그렇게 시작한 자기만의 꿈을 찾아가는 여정은 진정한 자기를 찾아가는 자기 사랑의 길이자 자기실현의 지름길이 될 것이다.

치유 길에 젖어들 수 있는 우리의 창조적 능력

드림캐처를 사용한 치유의 핵심은

개인이 가진 창조성을 일깨우는 것이다. 그 과정은 드림캐처 여정에 자기를 맡김으로써 내면의 소리를 듣고 그곳에 있는 어린 자기와 자연스럽게 만나고 소통하면서 자기 사랑의 돌봄을 경험하는 것이다. 그것은 원주민의 토속문화에서 의미하는 '아이를 지켜주는 수호신'으로서의 자기의 창조성이 스스로를 지키는 힘이 되기까지의 여정을 담고 있기 때문이다.

모든 인간은 태어나면서부터 창조성을 가지고 있다. 따라서 하루를 시작하고 마무리하는 일과의 모든 시간에서 아이들도 어른들도 각자의 자기 위치에서 언제라도 자기 안에 있는 창조적 능력을 발휘하게 된다.

놀이를 하거나 음식을 만들 때, 원하는 옷을 찾거나 집안을 꾸밀 때, 우리는 어울리는 색과 형태를 생각한다. 집안 각 방에 어떤 색의 벽지를 사용하고 페인트를 칠할 것인지를 고민한다. 가구를 어디에 배치하는 것이 가장 좋을지, 무슨 색이 가장 어울릴지를 생각하는 이 모든 행위가 우리가 가지고 있는 창조성을 발휘하는 예시이다. 우리 모두 아무도 가르쳐주지 않았고 지침서도 없었지만, 친구들과의 놀이에서 역할을 부여하고 적합한 색과 형태로 치장을 하고 환상세계로 들어가 역할 놀이에 빠졌던 추억이 있다. 문득 떠올린 어린 시절 추억 속에서 우리가 가진 창조적 능력에 감탄했던 기억이, 그리고 오늘 하루의 에너지가 되어준 날의 미소 또한 누구나 경험해 보았을 법하다.

오랜 세월 대학원생들과 심리치료전문가들을 안내하면서 내가 그들의 임상 사례에서 늘 강조했던 것은 개인의 창조적 능력을 인정하는 것과 그 개인들이 가진 예술적 본성을 어떻게 끌어올려 활성화되도록 도울 것인지에 대한 것이다.

무엇이 원인이었든 잘못된 삶의 방식이 우리의 타고난 창조성을 잃게 했다. 건강한 자기를 회복하기 위해서는 자신도 모르는 사이 숨겨진 잠재력을 회복해야 한다. 이것은 1996년 어느 날, 내 생애 중요한 목표 중 하나의 방향을 틀게 된 이유이기도 하다. 지금도 나는 나의 임상 공간에 들어온 그들이 자신의 예술적 본성을 알아차리고 충분히 잠재능력을 발휘하기를 기대하면서 소리와 움직임과 예술 매체와 드림캐처를 연결한 창작 활동을 제공하고 있다.

심혼의 동행을 드림캐처로 기록한 이야기

이 책의 마무리에서 함께 만나고자 하는 이야기는

10여 년의 치료관계로 함께 걸어온 한 여성의 수많은 시간 속 사건과 이야기 중 아주 작은 일부분이다. 치료사례가 아닌 치료 전후 그녀의 삶 일부에 동행하는 동반자로서 그녀에게 전하는 나의 기도이자 그녀와의 여정에서 가장 드라마틱한 증상을 보였던 시점에 나눴던 내 안에서 일어나는 침묵의 대화로서 전이와 역전이 이야기이다.

공허한 눈빛 빈 마음에 이은 인연

어느 순간부터였던가. 그녀는 식탐으로 마음의 허기를 채우는 것 같았다. 아무리 음식을 숨겨도 어떻게든 찾아내어 먹어 치우는 그녀를 감당하지 못한 가족은 급기야 입에 담을 수 없는 극단적인 표현으로 그녀에게 상처를 주는 일이 반복되었다. 먹어도 먹어도 배가 고프다는 그녀와 종일 먹는 것을 제외하고는 움직이지 않는다고 화내는 가족과의 갈등은 깊어만 갔다. 식탐은 단순히 먹는 것에 대한 욕심이 아니다. 그녀의 식탐은 우울과 불안과 화에 대한 보상심리다. 토해낼 정도로 많이 먹어도 배고픔을 느끼는 그녀는 배고픔 자체도 느끼지 못하면서 아무 생각 없이 먹는 행위를 하는 것일 뿐 음식이 먹고 싶어서 먹거나 음식의 맛을 즐기는 것이 아니다. 심리적 허기가 만들어낸 거짓 식욕이라고 보아야 한다.

무슨 인연으로 너를 만났을까~

땅으로 숨어들 듯 퀭한 그 눈길은 언제부터였고
거칠고 가쁜 너의 숨소리는 어느 길목으로부터였는지
향기 가득 할 나이는 무엇으로부터 멈췄는지…

즐겨야 할 수많은 날 소슬바람이듯 스쳐 보내고
식탐만 생생해야 했던 까닭은
뻥 뚫린 빈 마음 채워야 해서였나?

우리의 인연에 머문 오늘은
더 없는 바람의 쉼이었기를 살아가는 힘이 되기를
바라는 간절한 마음 전해 본다.

공허하기만 한 그 아이 마음에 따뜻한 차 한잔 전한 날에

‘나만 나빠요’ 진종일 귓전에 맴돌고

우리는 말을 하기 시작하기도 전인 유아기부터 상대방이 나를 좋아하는지 아닌지 구분하기 시작한다. 우리는 그 느낌으로부터 내가 어떤 존재인지 알아간다. 내가 잘못을 했는지, 내가 나쁜 아이인지, 내가 사랑받는 존재인지, 정서적 · 물리적 경험이 극심한 불안으로 감당하기 어려운 정도였다면 그 아이는 이미 자기 존재가 잘못되었다고 느껴왔을 것이다. 그리고 그 잘못을 숨기고 잘못에 대한 두려움에서 벗어나기 위해 대상이 좋아할 만한 무언가를 해야만 했다. 잘못에 대한 비난의 두려움을 최소화하기 위해 더 빨리 더 많이 무언가를 해야 했고, 자기를 감추기 위한 두꺼운 가면을 쓸 수 밖에 없었다. 아직 늦더위가 가시지 않은 9월인데 그녀의 이야기는 한파와 폭설 내린 설경이다. 그녀의 성장 환경은 물질적으로는 풍요했다. 하지만 정서적으로는 그녀가 감당하기 버거울 정도여서 매사를 척으로 두고 자기 보호를 해야만 했을 것이다.

누가 들어도 부조화된 말과 행동으로
그녀 자신을 괴롭혀 온 자기비하와 죄책감에서 나오기를
오늘도 간절히 기원하면서

오늘 그 아이 이렇게 말한다.
이 세상 모든 만물 내 가족이라 행복하다고~

지금은 폭설 몰아치고 가족은 집안에서
설음식 전 부치고 나는 집 밖에서 도울 일 생각하니
행복하다~ 행복하다 한다.

모든 사람 내 가족이고 모두가 착하고 나만 나쁘고~
가족 위해 나 지금 죽어도 좋다 한다.

마치 세상과 가족을 위해 오늘을 살 듯…
다가오는 느낌은 공허한 메아리다.

한순간 촉기 없는 눈망울에 화답의 뜻 만난 듯
스쳐 가는 미소가 아프게만 온다.

먼 길 온 손님 마냥 세찬 폭설 다 담고
문밖에서 서성이는 그 아이

세상에서 나쁜 이 자기밖에 없다면서도
행복하다~ 말하는 그 아이
마음은 무엇을 삼키고 또 삼키고 있나?

그래도 오늘 우리 만남 있으니
너의 마음 밭 꿈 심어 싹트는 날 오겠지
오늘도 기도한다.

원망 가득 구구절절이

또다시 시작된 죄책감과 자기 비하와 원망. 수년간 우울감에 무력한 나날을 보내는가 하면, 무언가를 하지 않으면 죽을 것 같은 불안으로 부산하게 시작하지만, 이틀을 채 넘기지 못하기를 반복해 왔고 그럴 때마다 집착하듯 나를 찾는 그녀. 이 모든 것이 죄책감으로 와 모든 것이 자기 탓이라 하는가 하면 원망과 분노로 몸서리치는 그녀가 오늘은 내게 마음을 전한다.

하루 일이 다 끝났다 돌아서는데
책상 귀퉁이에 '좋은 맘이에요'라며 건네준
단팥빵 하나 시야에 가득하다.

한 조각 입에 무는데
삼키기도 전에 원망 가득 구구절절이
자신만을 탓하던 핏기 없는 얼굴이

무엇을 말해도 반복되는 단 한마디
고약해서… 내가 나빠서…
27년 이날까지 남의 말만 듣고 살다가
이제는 자신의 말을 잃었나 보다.

머리끝부터 온몸을 성형하고 싶은 그 아이
남만 바라보다 정작
자기는 잊어버렸나 보다.

자기를 향한 구구절절… 원망 가득한 그 아이
자기로부터 나오는 말을 하고 진짜 자기를 보면서
온전히 자기로 살아가길 오늘 기도에 담는다.

강박 불안으로 아픈 그녀의 언니를 만나고

강박 증상은 장애 진단을 받지 않은 사람들에게도 있을 수 있으며 환경의 변화나 자극에도 무관하게 나타날 수 있는 개인의 특성적인 행동 양상이기도 하다. 그러나 그녀의 언니는 오래전부터 유지해 온 우울감에 이어 등장한 반복적인 사고패턴과 특정 행동을 동시에 가지고 있었다. 그로 인한 불안과 두려움이 심했으므로 우선 의료적 도움과 심층적인 심리치료를 통해 원인을 찾는 것이 중요했었다. 다행히 그녀는 치료 동기가 있었으므로 스스로 병원 진료를 받았지만 약물 치료에만 의존하고 있었다. 불안에 대한 방어기제를 찾고 그에 접근하는 원인접근의 치료에 대해 안내를 했지만 받아들이지 못했다. 그녀의 우울과 공포는 오랫동안 이어져 왔기에 강박 증상은 이미 만성화되었을 가능성이 높았다. 약에 의존해 더 이상의 도움 길을 마다하는 그녀의 언니가 안타까운 날, 그녀를 위한 기원을 드림캐처에 담는다.

목발 짚고 3층까지 올라와
정작 자기 말은 못 하고
의미 없는 말인 줄 빤히 아는 질문
한마디 건네고 간다.

언니가 책임질 일 아니다… 한 소절에
신체 저 아래로부터 올라오는 욱신거림
어찌할 바 몰라 한다.

가시투성이 오늘에 찔려
베어 흐르는 피 아프다 숨소리마저 못 내며
간신히 눌러 멈추러 가진 애를 쓴다.

욱신거리는 통증 참아내어 없었던 듯해도
몸은 가시 하나하나에 난 상처에
덧나고 살 채운 날 기억하고 있으니

흐르는 피 애써 멈추려 하지 않으면
머잖아 자기로 설 길 밝히는 향기로 어련히 메워질까…
오늘의 바람에 담아 전한다.

바람 스쳐 내어준 마음

이날 그녀가 그린 그림은 온통 핏빛으로 느껴졌다. 지금껏 자신의 삶을 살아왔다기보다는 어머니가 계획한 삶에서 살아남기 위해 버티고 몸부림하던 그녀. 그런 그녀가 견디다 못해 거짓으로 만들어낸 환상 속에 자기를 세워왔던 날들, 아버지의 폭력에 방패가 되고 어머니의 못다 산 삶을 대신해야 하는 절망 사이를 오가면서 그러한 상황에도 그녀는 좋음에 동일시하며 오늘을 위로한다. 코스모스밭 산책은 그녀에게 자기가 중심이 되는 삶에 요구되는 자아와 무의식의 화해 의미를 일깨워줬을까?

가을이 주는 바람맞으며 거닌 코스모스 길
'참 좋았다'를 반복하며
오로지 내 편이다 나만의 편이란다.

내게 내어준 마음

… 유학 … 프랑스어 전공 … 합격했을 때
혀가 닿는 대로 읊어대듯 말이 아닌 소리이듯
바람 스쳐 동강 난 여운으로

곪아 터지고 터져서 코스모스 밭에 뿌려졌다.

발뒤꿈치 흐르는 피 보지 못하고
그저 몸부림에 발 딛고선 그곳이
이 아이 견뎌온 길이었나

한참을 지나고 짓눌려 남겨진 여덟 개 꽃잎
그 아이 남긴 상처 흔적인 듯

가을이 주는 바람 맞으며 금요일을 약속한다.

먹다 먹다 토해버린 날의 거짓

청소년기 내내 무시당하고 친구들로부터 놀림의 대상이었던 그녀가 어느 날 자신의 내면에 숨겼던 분노의 공격적 폭발이 정신증으로 터져 나오면서 망상으로 덮여버렸다. 때때로 그녀의 망상 속 환상의 압력은 너무 강렬하고 도전적이어서 그녀와 대립해서는 안 될 것 같았다. 그 대신에 나는 그녀의 거짓스러운 망상의 이야기를 경청했고 무의식적으로 내뱉는 그녀의 허풍 속에 숨겨진 의미를 민감하면서도 무던하게 받아줄 때 절망의 실타래는 엉킴을 중단하리라는 기대를~ 망상 속에 조작된 이야기는 단순한 거짓이나 과거의 실재 사건이나 현재의 고통에 대한 부인이기보다는 현재 또는 미래에 대한 시험적 질문을 담고 있을 수 있다. 내가 그것을 믿어줄 때 그녀는 병적으로 드러내던 투사적 동일시에서 내사적 동일시로 발달해갈 수 있다는 것을 나는 믿기 때문이다.

숨 가쁘게 계단 올라와
문이 열려있음에도 힘차게 초인종을 누른다.

헝클어진 머리 핏기없는 새하얀 얼굴
반쯤 숙인 얼굴에서
이틀 전에 나눈 이야기 그늘이
사라졌다 나타났다 또 사라졌다가…

그 모습에 겹쳐오는
또 다른 이야기 문득 싫다… 하는데
어느새 안쓰러움으로 밀려온다.

예전에도 지금도 무슨 말을 전해도
그 말은 이내 벽에 부딪혀 되돌아오듯
또 다른 말로 덮여 사라지기 일쑤다.

수없이 반복되는 지키지 못할 약속과
이내 사라져버리는 말의 패턴
내 앞에 서성이지나 말았으면
절뚝거리는 믿음일랑 없어도 되었을 것을…

마음 한편 용서와 거부를 되뇌지만
어느새 내 손은 휴지 한 조각 건네고
안쓰러움으로 가득하다.

내 앞에서 그 얼굴이 사라지고 나서야
알아차린다.

사실인 양 믿고 있었던 한 조각 기억
내가 살아있음을 잊었던
이미 내 것으로부터라는 것을…

진정성이 자기를 죽이기라도 하듯
수없이 회피와 거짓으로 덮고
눈물로부터 사라져버린 말로부터

숨 쉬다 멈추는 날
너도나도 멈추면 될 게다… 하는데
깊은 저 속으로부터 반복한다.

그랬구나 그랬어… 그래서 그런 것을

괜찮지 않은 목마름 접고 저 빛 따라

현재 어떤 어려움을 겪고 있다고 하더라도, 우리 모두의 내면에는 아직 사용하지 않은 잠재능력이 존재한다. 단지 이 사실을 알지 못해서 모호한 채로 남아 빛을 보지 못할 뿐이다. 심지어는 그 잠재력을 무시하고 왜곡된 근심에 사로잡혀 불안해하는 경우도 많다. 환경의 채찍으로부터 시작된 그녀의 불안은 상상을 초월하는 혹독한 불안들로 방어할 겨를도 없이 익숙해져 버렸고, 그 불안의 한 시점인 어느 사건의 부분에 고착되어 헤어 나오지 못하고 있다. 자기로 인해 누군가가 피해를 보게 되지 않을까 두려워하며 확인하고 또 확인한다. 잘못한 것이 없는데도 끊임없이 사과하면서 죄책감의 공포에 사로잡히기도 한다. 그러한 형태의 불안은 강박적 성격을 갖게 하며 심각한 우울과 기타 정신증을 초래하는데, 그녀의 치료과정은 끊임없이 스스로 만들어내는 불안과의 투쟁이라고 봐도 과언이 아니었다.

10여 년의 긴 시간 속에서 그녀는 자신의 신체 자아를 찾아 끊임없는 인형 작업에 몰두했고, 그 인형에는 드림캐처의 메시지를 엮어 생명을 불어넣어 가는 과정이 반복되었다. 그 과정에 동행한 나 역시 그러한 그녀에게 꿈을 되찾을 길을 비추고자 하는 바람의 연속으로 수많은 드림캐처를 완성해 갔다.

오늘도 여전히 괜찮다며
누구와의 대화인지 모를 중얼거림
목마름을 채우지 못해 반복하는 소리 없는 울음
너의 삶에 남겨진 오늘의 물음표

소리 없는 물음에 답하듯 나뭇가지 사이로 햇살이 온다.

내리쬐는 햇빛에 마음 열어보면
세상이 얼마나 가능한 것들로 가득한지
네가 얼마나 빛나는 아이인지 알 것을…

오늘 하늘빛 흐렸어도
어느새 다시 저 나뭇가지 사이로 햇살 가득 올 테니
홀로 뇌이지 말고 저 빛 사이로 교차하는 지난 꿈
행복 만들었던 그 날에 잠시 잠겨보자.

구름 가득한 오늘 소낙비 쏟아질지라도
하늘은 곧 개고 또 오늘은
저 빛 따라 우리 날아볼 수 있지 않을까?

숨소리가 내는 마찰음

그녀는 아직 자기 안에 해결해야 할 과제들이 많다. 내면에 새로운 정신체계가 형성되기까지는 수많은 날 동안 반복되는 생각과 감정의 변화를 감당해야 하고 고통스러운 상황에 맞설 수 있어야 한다. 주어진 어떠한 상황도 받아들일 수 있을 때 비로소 그녀는 자기를 가둔 어둠에서 벗어나 자유로워질 수 있을 것이다. 아직은 가야 할 길이 멀지만 그럼에도 그녀 마음에 감사를 새길 수 있다는 것은 변화와 가능성을 예측하게 한다.

감사와 관련하여 그녀와 내가 한 일은 그녀의 무의식을 함께 보아가면서 이해하고 손을 놓지 않으려고 노력한 수고의 보상이다. 포기하지 않고 치료관계를 유지하고 감사의 마음을 일으키는 한 그녀는 자기 안에 있는 개별성의 많은 것을 자아를 통해 찾아갈 것이다. 치유의 힘은 그녀의 무의식 속에 있으며 마음에 일어나는 모든 문제해결의 열쇠 또한 그녀가 가지고 있기 때문이다.

빵또아
부드러운

감사합니다
감사합니다
감사합니다…

아마도 1시간 동안 10번 이상은 반복했을 것 같다.

바쁜 걸음으로 3층까지 단숨에 올라온
그 아이 손에는 빵또아 아이스크림 하나 들려 있고
이내 내 손에 건네주며 감사해서요.

뭐가 그리도 감사한지

갑작스레 온 어둠에 불행한 마음이어도
오늘 견디게 하는 버팀목이 그 마음일까 싶다.

어제도 내일도 아닌 오늘 이 순간
그리도 깊던 원망도 내치지 못해 끌어안은 좌절이
감사로 삼킨 넋두리가

너의 숨소리가 내는 마찰음에 덮여
오늘따라 유난히 멀어졌다 가까워졌다 질펀하게
그렇게 내게로 번져 온다.

상처 깊은 엄마 맘에 새살 돋길 바라며

딸과 함께하고자 한 계획들이 다시 어긋나고 우울해지는 마음을 달래지 못해 신체화로 반응한다. 그러나 또다시 용기 내어 애써 숨기지도 욕심내지도 않고 딸을 위해서도 자신을 위해서도 중심을 잃지 않겠다는 엄마에게 위로의 수호 드림캐처를 전한다.

큰비 온다기에 커다란 맘 우산 세웠더니
가랑비로 멈추어 방심했더이다.

묻고 또 묻어 깊이 숨겨둔 돌 기억 산이
쏟아지는 폭우에 무너져 내리니
온 뫔에 가득한 덧난 상처 주체하지 못하고
한꺼번에 휘 젖어 넋 잃는데

새벽은 다시 오고 비 걷히어 고요 또한 온다고
아픈 그리움일랑 내려놓자 등 도닥여본다.

무너져 내린 기억 산으로 자갈밭이 되어버린 뫔이지만
폭우로 충분히 젖어 있으니 자갈은 뫔 밭 울타리 만들고
젖은 가슴엔 좋음으로 씨 하나 심어 새살로 덮을 수 있겠다.

우산 하나 있으면 쏟아지는 폭우는 가릴 수 있지만

숨겨진 상처 기억은 언제 쏟아져 내려
몸과 마음 모두를 휘저어 쓸고 갈지 알 수 없으니
아무리 큰 우산으로 대비한들 가려질 수 있을까

단단히 세운 돌산이 무너져 피멍으로 몸과 맘 엉망이 되어도
차라리 가리려 안간힘 쓸 필요 없이 그대로의 마음 열면
다시 소망 심어 새살로 채울 수 있으니…

아픈 딸과 여행길 오른 그녀의 엄마에게

반복적으로 망상에 등장하는 미국 유학에 대한 소망을 여행으로 대체하고 그녀의 고픈 마음을 달래주고 싶어 여행을 떠난다는 엄마… 그녀를 향한 위로 마음 담아 여행 드림캐처를 완성했다.

딸아이와 뉴욕행 비행기에 올랐을까…

여행이 아니라 인내의 길이 될 거라 전해 온 엄마의 한숨
작은 여유 자리 비워 떠나기를 아침기도에 담아 본다.

의미 없는 웃음과 쉴 새 없는 중얼거림
사람들은 무어라 수군댈까…? 두려운 그녀 엄마의
타들어 가는 마음에 나는 침묵으로 전한다.

텅 빈 하늘에 뿌려진 갈색 잎 맘 되어 떠난 길
갈바람에 씻기어 붉고 노란 단풍으로 물들이고
맘 길에 다시 뿌려 돌아오는 날 채울 여유 자리 만들자고

내심 기대하며 가슴에 비운 길 하나 내어 본다.

여름 동안 빼곡히 채웠던 푸름이 단풍으로 익었나 했더니
머잖아 올 눈 서리 자리 만드느라 서두르듯 길가로 내몬 낙엽처럼
이 아침 그녀 앉을 맘 가지 하나 비워낸다.

비워진 가지에 다시 색 입힐 그녀의 내일을 기원하며
아픈 딸과 여행 떠난 엄마에게 전해 본다.

10일간의 여행에서 감사를 채워 온 엄마

인천공항에 도착하자마자 가장 먼저 전화한다는 엄마의 목소리에는 진심과 사랑, 감사가 담겨있었다. 짧지 않은 여행길에 있을지도 모를 상황들에 대한 염려와 두려움으로 떠난 길이었지만 걱정과는 전혀 다르게 감사로 채워온 이야기를 들으며 엄마의 사랑에 감격한 날이다.

인천공항에 도착하자마자
가장 먼저 소식 전한다는 그녀의 소식에
울컥 깊은 곳으로부터 기쁨이 운다.

욕심내지 않고 공들이며 나눈 모녀 사랑의 진실
감사 향기 품은 사연 소중히 담아온 그녀의 여정이
더없는 아름다움으로 온다.

시간이 지날수록 마음이 빛나는 딸 바보 엄마
미로처럼 헝클어진 뇌를 비워
색으로 향기로 채워 온 마음 공간이 느껴지는 오늘이다.

오늘 밤
가장 평온한 마음으로 잠자리에 들기를
맘 기도 전한다.

또다시 오는 오늘도
세상에서 가장 빛나고 아름다운 그녀이길…

상심한 오늘에 자기를 가둔 그 아이에게

증상에 긍정적인 변화가 조금이라도 보이기 시작하면 앞을 향해 달리려는 가족들의 조급함이 또다시 그녀를 자극했다. 숨이 막혀 죽을 것 같다는 그녀에게 가능한 날의 빛을 연결하는 일이 쉽지만은 않다. 그럼에도 나는 그녀의 손을 놓을 수 없으며 끊임없이 그녀의 잠재능력을 찾고자 한다. 한발 한발 걸음마 하듯 나의 임상적 에너지가 멈추지 않고 오늘 그녀에게 닿아 위로가 되고 내일 또 아침을 만나리라 기도하며 또 하나의 드림캐처를 완성한다.

엉킬 대로 엉켜버린 오늘
전혀 풀어질 기미가 보이지 않아
이별 봇짐을 꾸렸단다.

자기를 비하시켜 스스로를 가둔 봇짐
세상을 살아가는 동안 꼬이고 아플 일이 어디 그뿐일까마는
오늘 그 아이는 세상사 끝인 양 한숨으로…

어둠이 오면 아침이 오기 마련인 것이 세상사인걸
상처투성이 상실로 온 몸이 넘실거려 질식할 거 같아도
살아가는 이유 하나쯤 누구에게나 있는 것을

어느 날은 어둠의 끝이 보이지 않아도
다른 날 어딘가에는 가로등도 있고 터널 저 끝에 빛이 있음을 보겠지
잘못 든 길 벗어나 새로운 길 찾겠지… 바라본다.

풀리지 않고 엉키기만 한 날만 있는 인생은 없단다
그래서 우리 살아갈 수 있는 게 아닐까?

미세먼지로 오염된 날만 있으면 어찌 살 수 있겠는가
눈도 내리고 비도 내려 세상을 정화 시켜가니
어느 날은 마스크 없이 맑은 하늘 즐기는 날도 있는 게지

인생은 그렇듯 오늘 풀리지 않은 날이어도
묵묵히 한올 한올 따라가다 보면 풀릴 날 있단다.

그 아이 마음 그늘에 빛 채워지기를

식탐 증상을 나타내기 시작하면서 충동적으로 보였던 분노 폭발과 공격행위가 사라졌다. 사람의 감정은 어떤 식으로든 드러내야 하는데 문제없이 잘 지냈다고 보고되었던 시기는 무력감으로 지낸 시기였던 것 같다. 적극적인 정신 증상이 나타나기 시작한 즈음에는 아무것도 할 수 없는 심각한 우울로 자신의 몸 관리마저 안 되는 상태였다. 이후의 변화는 공격적이고 분노 조절이 안 되어 감정조절 장애라는 진단이 내려지기도 했고 다음에는 조현병의 가능성이 언급되는 증상의 변화과정을 보이면서 결국… 증상의 진행과정이 어떠했든 그녀의 식탐은 어디에도 쏟아낼 수 없는 환경에서 찾은 유일한 출구였을 것이다. 자신을 달래고 방어하는 수단이 배고픔으로 우회하여 나타난 심리적 반응이자 마음의 허기가 가져온 가짜 식욕이 그녀가 나타낸 식탐이다.

내가 그녀에게 할 수 있는 도움 길은 그녀 자신이 그러한 비정상적이고 가짜에 매달리는 것을 중단하게 하는 환경으로 돌아오도록 돕는 것이었다. 그럼으로써 그녀는 진짜 자기를 알게 될 것이다. 그녀의 가족들이 음식에 함축된 의미를 깨닫고, 동시에 그녀의 내면세계의 고픔이 채워질 수 있도록 돕는 것이 나의 역할이다.

아프고 답답함으로 오는 가슴 깊은 그늘
괜찮아지겠지~ 믿는 마음 한편
여전히 불안은 사라지지 않는다 한다.

안간힘 다해 할 수 있는 방법 찾아봐도
보이지 않는 늪과 같은 현실이
견딜 수 없이 무섭고 두렵단다.

수없이 달리고 또 달려 봐도 진척 없는 그 자리
물려받은 어둠이 싫어 벗어나려 애쓰는데
발버둥 하면 할수록 더 깊이 빠져드는 불안의 늪

기회는 있었는데… 아무리 후회한들
익숙한 희생에서 벗어나지 못한 날들 아프다 소리쳐 봐도
봐주는 이도 달라질 기미도 없는 오늘이란다.

어둠으로 막히고 더는 아무것도 보이지 않아도
네 맘 깊이 너만을 바라보는 아이
외면하지 말고 손잡고 처음부터 다시 가 보자 건넨다.

희망 없어 보여도 지금 너무 아파도
일어나 걷다 보면 오늘이 내일 되어 또
오늘로 온단다.

그래서 우리의 삶은 희망이란 게 있는 거란다.

실패하면 어떠니 다시 또 일어나고 또 가 보고
아무리 해도 해도 안 되는 거야 어쩔 수 없지만
그래도 너를 믿고 가 보자~ 그동안의 시간이 소중하다 달래본다.

가 보면 또 새날은 오기 마련이라고…

새벽 너의 울음에 새살 돋울 종 하나 달아

며칠째 계속되는 과대망상… 소임을 다해야 할 것 같은 조바심으로 가득한 날 내가 할 수 있는 일은 그녀의 이야기를 들어주는 것밖에 없었다. 망상이 있을 때 자신이 망상에 빠져있다고 생각하는 사람은 거의 없다. 망상은 설득되지 않는 믿음이기에… 어쩌면 오늘 그녀는 망상으로부터 빠져나오라는 설득을 하지 않는 내가 필요했을 것이다.

정신건강 전문가들은 망상에 대해 다양한 의미를 말하지만 모든 망상에는 그 사람의 내적 경험과 환경의 배경이 담겨 있다. 또한 정신적 혼란을 야기한 그 무엇인가에 대한 적응적 반응이 바로 망상이다. 어떤 이에게는 망상이 상실과 열등감과 희망에 대한 좌절이자 외로움의 고통과 결핍으로부터 피하려는 목적을 가진 반응이다. 이는 과거의 상처로부터 자기를 보호하는 방편이기도 하다.

그녀가 보인 망상 속 믿음은 사물로 확대되기도 해서 그녀는 자신이 초인적인 존재라고 믿고 있었다. 이 형태는 조현병에서 나타나는 일차적인 과대망상이기도 하다. 자신이 신이라고 믿는 종교적 성질의 망상은 그 사람의 관심과 사회적 배경과 자신이 포함된 집단에 따르는 내용의 장애로 나타나며 망상의 형태는 그 질병의 성질에 의존한다. 그러므로 종교망상은 단순히 지나치게 집착하고 있는 종교적인 믿음으로 인해 생기거나 그 사람이 원인이라고 탓하는 그 어떤 잘못으로 인해 생기는 것도 아니다. 나는 그녀의 과대한 망상 속 믿음은 그가 처한 고통을 반영하고 있다고 믿었고 시시각각 변하는 망상의 내용에서 그녀가 얼마나 외롭고 처절하게 아팠을지가 가늠되었다.

정작 토할 곳 없어 이곳에 펼쳐내나?
보헤미안의 광시곡 같은 흥분을 며칠째 쏟아낸다.

…을 준비해야 하고 그것으로 금을 생성해 낼 거고
나의 제자와 동료 교수들과 지인 모두를 자기 앞으로 데려와야 한다며
그래야 교수님이 살 수 있다고… 올해의 마지막에 있는 힘을 나해
정신 저 밑바닥에 쌓인 오물을 토하듯 마구 퍼붓는다.

올해의 마지막 시간 앞에 선 너의 소망은
이미 나도 알아차리는데 정작… 무엇으로 채울 수 있을까
너를 진정시킬 수 있는 길의 막다른 선택만 남았을까

오늘 하루만큼은 오직 너만을 위한 시간이었으면 좋겠는데

맘 깊은 곳 섬 하나 딛고 일어서는가 하면 사라지고 또 사라지며
마법처럼 오는 너만의 소망인가? 혼돈의 이야기 골짜기
나는 오늘 너의 세상에서 예리한 칼날 품은 아픔을 본다.

단 한 번도 사랑이 없었을 듯… 공허하다 못해 소름 돋는 울음
네 맘속 깊이 웅크려 터지지 못했던 작은 화산들의 아우성

오늘은 해묵은 상처 도려내느라 그리 아픈 건지
오늘이 지나면 그 울음도 저물고 새살 돋기 바라지만
변함없는 변명과 거짓은 그칠 수 있을까…

새날의 새살 돋울 시간 깰 종 하나 그 아이 맘에 달기를 온 힘을 다해 전해본다.

망상으로 덮어 숨긴 너의 아픔에

유난히 환청에 반응하던 날 그녀의 망상 속 불안에서 나는 자신감 없고 서툴고 손에 잡히지 않는 목표를 향해 겁에 질려 공포에 떠는 그녀를 보았다. 그리고 한순간 오늘 나는 몸서리치는 두려움에도 삶의 방향을 잃지 않으려고 몸부림하는 그녀의 어린 자아를 만났다. 의미 없는 아주 미세한 것까지도 자기 탓으로 돌리는 그녀가 스스로 만든 방어벽을 허물고 이제는 그만 나올 수 있기를 간절히 바란 날이다.

한 주를 건너뛰었는데 몇 달이 지난 거 같아
너에게 미안하고 또 미안하다…

빠르게 주고받는 망상의 대화를
내게 되뇌며 예전에 없이 집요하게 요구하는 너
어떻게 해야 하나 머릿속이 하얘진다.

망상으로 덮어버린 그 아픔을…

세상을 살아가는 데 가장 위로가 되고
가장 너를 잘 알고 가장 안전한 울타리도
너 자신인 것을 알았으면 좋겠다.

이제는 그만
너에게 아픔 주는 생각도
너를 무시하는 것도

하다 하다 그 무엇도 다 덮어버리는 일은 하지 말자.

망상으로 덮어버린 방어 옷이 너무 두꺼워
네 안에서 오는 울음을 알아채지도 듣지도 못하고 덧난 상처
피고름이 고여도 느끼지 못하는 듯 외면하는 너

원망 되고 화가 나면 차라리 미워하고 화를 내렴…
그러다 보면 후련해지고 용서 마음도 오겠거늘
너에게 전해본다.

마음 깊이 상처 담고 피해 주지 말아야지 아무리 애쓴들
자국만 더 하지… 그러니 그냥 통곡이라도 하라고

올해는 묵은 갈등으로 겹겹이 가둔
망상의 가면 벗어버리고
진짜 아픔 받아들이는 용기 갖길 바란 마음

욕심일까 하면서도 너에게 닿기를…

괜찮아 그래 괜찮아

그녀의 증상이 당황스러울 정도로 드라마틱한 과정을 거치면서 약물치료에도 반응하지 않는 상태이다. 그래도 우리가 만나는 날은 잊지 않고 와 줘서 고맙기만 하다. 때때로 자신이 신적인 존재가 되는가 하면 사람들의 비난에 몸서리치는 날도 있다. 때론 자신의 무서운 분노가 주변인을 다치게 할 거라는 생각에 두려워하기도 하고 사실이 아닌 학교생활 이야기를 하기도 한다. 오늘따라 어린아이가 졸라대듯 막무가내 찾아야 한다는 그녀에게서, 그리고 내 안에서 일어나는 반응에 그녀가 찾아야 하는 그 무엇의 의미를 살피면 살필수록 아픈 날이다.

자리에 앉자마자 반드시 해내야 할 거 같은 각오 마냥
쉼 없이 중얼거린다. 찾아야 하는데… 찾아야 하는데…

한숨 쉬며 또다시 중얼거리며 찡그리고 웃기를 수차례
아니에요 나 아닌데? 알 수 없는 대화에 나는 답한다.

괜찮아, 그래 괜찮아…

내가 너에게 주는 위안인지
내가 나에게 주는 위로의 말인지
되뇜을 알아차리고 나서야

오늘 우리 손을 놓지 않았으니
마음 추스르며 괜찮다 하는데
꼭 찾아야 해요… 확인하듯 나를 깨우듯 또다시
반복에 반복을 거듭한다.

그래 찾아야지 진짜 너를 찾아야지
진짜 너를… 나는 침묵으로 답한다.
오늘 안 되면 내일 또 찾으면 된단다.

한 치 앞을 볼 수 없어도

나는 그녀의 치유 욕구를 믿는다. 절망 속에 엉킨 어떠한 불안으로 진흙탕에 수없이 넘어져도 그녀가 일어나도록 손 내밀고 일으켜 세우고~ 가족 또한 지치지 않고 버텨 그녀를 지원할 힘을 키우도록 지지하고 지원하겠다는 다짐을 한다. 함께 가는 동반으로서 너와 나 역할을 다하고자 오늘의 만남이 그녀 인생에 징검다리가 되기를 기도한다.

연일 하늘을 덮은 뿌연 안개보다 더
이미 네 몸이 온통 회 빛이구나

한 치 앞을 볼 수 없는 우리네 인생사인 걸 몰랐던 듯
침묵으로 체념하는 너에게 속삭여 본다.

대책 없는 공허함에 휩싸일 땐
네 안에 숨겨둔 비밀 하나 꺼내어 바람결에 흘려보렴

언젠지 모르게 회 빛 몸에 색 덧입혀
홀가분한 빛으로 너에게 와 줄 테니

그러다 보면 깊이 채워둔 맘 자물쇠 열리고
바람의 색 빛 향기 스며들지 않을까?

마음 여는 법을 잊어버렸대도 괜찮고
기억할 수 없는 꿈이어도 괜찮아

아무런 기억 못 해도
지금부터 새겨가도 충분히 괜찮단다.

아직 갈 길이 멀고 그녀의 이야기는 혼돈을 반복해도,
중심을 향한 움직임이 있기에 가능하다

나의 저녁에 기록된 수많은 이야기 중 이 책에 함께한 이야기는
사랑하는 그녀와의 여정에서 지극히 단편적인 한 부분일 뿐이다.

짧은 내용에서 언뜻 보면 목적지를 찾아 향하는 과정이 혼돈스럽고 마치 특정한 망상 패턴이 간격 없이 치닫고 반복되는 것 같아 길이 없어 보일 수도 있다. 그렇지만 여기에는 포함하지 않았지만 그녀의 작품을 자세히 보면 분명히 중심을 향해 움직이고 있고 외부와의 조화가 일어나고 있음을 작품 곳곳에서 확인하게 된다. 그 움직임이 언제 또다시 추락하고 혼돈의 수렁으로 돌아간다 해도…

그럼에도 그녀가 꾼 꿈의 무의식을 표현한 그림과 신체 자아를 찾기 위해 무던히도 노력하는 듯 여겨지는 반복된 인형 작업과 오랜 기간 지속했던 드림캐처에는 내면에 있는 치유 욕구와 변환과정이 분명하게 나타나 있다. 전체적인 작품과 꿈의 모티브에서 발견되는 흔적들은 상처투성이지만, 그리고 들쑥날쑥한 현실을 벗어난 혼란이 있음에도 그녀 내면의 자율적 창작과정은 중심을 향한 탐구와 외부와의 적응적 소통의 합치점을 향한 특성을 담고 있어서 그 자체가 치유이다.

그녀가 나에게 온 시점은 이미 수년간의 우울에서 방치되어 만성화되어 있었다.

드라마틱하게 오르내리는 정신증으로 그녀와 가족 모두가 혼란에 빠진 상태였지만,
한 가닥 집요하게 놓지 않은 투쟁과 같은 자기를 찾고 싶어 하는 그녀의 욕구가 지금에 오게 한 배경이다.

이 책에서 소개한 '드림캐처 치유 길에 젖어들 수 있는 우리의 창조적 능력'에 연결된 이야기는 한 개인의 치료과정과 작품을 공유한 내용이 아니다. 그녀와의 치료관계에서 매회 기록한 수많은 나의 저널 중 단편적인 한 부분일 뿐이다. 그녀와 함께한 드림캐처로 연결한 예술치료 방향의 접촉은 외부조건과 무관하게 심층의 자율성을 자극하고 삶의 지표를 찾기 위해 건너야 하는 과정이자 그 길에 충분히 함께할 동반이라는 사실에 의심의 여지가 없다. 지금도 아픈 자기를 달래느라 슬프고 고통스럽지만, 마술적인 망상으로 덮어버린 심연의 자기와 화해하고 자유를 찾으며 진정한 자기 사랑을 되찾기를 오늘도 기도하며 마친다.

드림캐처 이야기를 마무리하며

이 책을 쓰기 시작한 지가 벌써 3년이 지났다. 예쁜 드림캐처 책을 쓰고자 했던 첫 계획이 완성 막바지에서 드림캐처의 치료성을 강조한 사례 중심으로 방향이 바뀌었다. 20년 동안 임상 서적만 써왔던 익숙함에서 벗어나는 것이 불편했던 건지 1년에 걸쳐 쓴 첫 원고의 내용 대부분을 내려놓고 다시 쓰기 시작한 지 또 1년이 지났다. 방향이 완전히 달라진 내용에서 너무 무거워진 느낌을 받고 또다시 중단했다. 어떻게 하면 관심 있는 분들이 함께 볼 수 있는 내용일 뿐 아니라 치료사들에게도 도움이 될 수 있는 내용일지~ 또한 내용을 어떤 구조로 정리해가야 할지에 대한 갈등을 수차례 반복하면서 범위를 축소하고 내용을 약화시키는 과정이 반복되었다. 그렇게 3년을 갈등하고 수정한 결과 지금의 모습에 이르러 출간이 많이 늦어졌다.

드림캐처는 북미 원주민의 토속문화로서 지금까지 전해오는 유래 그 자체로 의미가 있어 세계각처의 사람들로부터 관심을 받아왔다. 최근의 우리 사회에서도 이제는 어린아이들조차도 드림캐처를 모르는 사람이 없을 정도로 많이 알려져 있다. 그래서 원주민의 역사적 아픔과 애환이 얽힌 드림캐처가 자칫 왜곡되어 전해질 수 있는 사회적 흐름을 의식했기에 더욱 조심스러웠다. 더욱이 40년이 되도록 지금껏 치료사로서 살아오고 실천적 임상 교육 현장에서 일한 내가 인간의 심층이 현재의 삶에 미치는 중요성을 배제한 내용으로 드림캐처를 이야기하는 것이 편치 않았던 건 당연한 사실이다.

인디언의 토속문화를 나의 임상 경험으로 이야기하는 것이 조심스러웠다. 그럼에도 드림캐처의 유래와 방법을 알려준 원주민할머니와 어머니에게 감사의 마음을 전하는 의미에서도 드림캐처의 예술성과 치유성을 공유하는 작업은 가치가 있다고 생각했었다. 드림캐처를 만들거나 소지할 욕구를 가진다는 것은 예술가의 예술적 특성과도, 그리고 인간이 가진 안전 욕구와 창조적 본성과도 연결되기 때문이다.

흔히 예술가는 실험 욕구와 동기가 많은 사람으로 여겨진다. 그 이유는, 창작 활동을 할 수 있다는 것은 힘 있는 자아와 자율성, 강한 성취욕구가 없이는 할 수 없기에 붙여진 표현일 것이다. 예술가의 작품은 혼자 간직하고 스스로 만족하기보다는 전시와 같은 특성적 역할들이 따르기 마련이어서 자연스럽게 사람들에게 보일 기회가 많다. 이때 작품은 자신이 원하든 원치 않든 보는 사람에 의해 평가받는 상황을 맞이한다. 만약 누군가가 자신의 작품에 대해 부정적으로 평가하거나 무시하거나 비난하는 반응을 보였을 때, 그러한 욕구와 동기와 도전 의식이 없다면 수치감과 분노를 감당할 수 없을 것이기 때문이다.

예술가의 전시목적과 평가받는 상황과는 다른 차이가 있지만 드림캐처를 전통적인 유래 외에 임상적 의미로 연결하고 예술성과 창조성을 말할 수 있는 이유는 작업 과정 자체가 실험적이며 자율성을 요구하며 성취욕구를 불러일으키기 때문이다.

그동안 오랜 기간 임상에서 만나는 분들과 드림캐처를 만들고 치유성을 강조해 왔던 이유 또한 그 때문이다. 뿐만 아니라 그동안 일반인에게 제공해왔던 수백 개의 꿈 앤 만달라 드림캐처가 어떤 것도 같은 형태가 없다는 의미 또한 같은 맥락이다. 거기에는 예술가로서 제작자의 실험 욕구와 동기가 반응하고 사람이 가진 개별성을 믿는 마음이 누군가를 향한 기도로 연결된다. 따라서 단 하나의 드림캐처도 같은 형태로 완성될 수 없는 것은 아주 당연하다.

드림캐처를 소지한 후 놀라운 일을 경험한 이들이 많다. 우울감이 사라지고, 반복된 임신의 실패로 고통받던 분이 아기를 품게 되고, 운전사고가 없고, 개인의 갈등이 사라지고, 매사 부정적이었던 이가 긍정적인 사고를 하게 되었다. 드림캐처와 함께하면서 다양한 형태로 위로받는 분들의 이야기는 개인이 가진 창조적 능력과 신뢰가 긍정적 결과에 영향을 미쳤기 때문이었을 것이다. 또한 과학적으로 설명되지 않는 실제 효과를 경험케 하는 천연석의 특성과 상징적 의미, 그리고 창작자의 기도가 담긴 드림캐처가 그들에게 위로가 되면서 갖게 된 마음의 평안이 변화를 자극했을 것이다.

그러한 치유성을 담아 전하고자 한 이 책이 자기에 대한 이해를 더욱 깊게 하는 통로가 되고
많은 분에게 위로가 되도록 앞으로도 나는 드림캐처 치유를 발전시켜갈 것이다.

부록 | 내 안에 머물기 위한 소재의 상징성

사용 가능한 재료와 도구

드림캐처를 제작하는 데 사용할 수 있는 재료와 도구는 자연물에서부터 생활 환경에 있는 것까지 매우 다양하다. 철제 링, 나무 링, 수틀, 버드나무 가지와 찔레나무 및 개나리 나무와 다래 넝쿨 등의 나뭇가지, 두꺼운 종이 판지나 나무 판지 등을 링으로 사용할 수 있다. 프랑스 자수실, 파라핀을 코팅한 다양한 초사, 낚싯줄, 털실, 면사, 울사, 가죽끈, 종이끈, 레이스, 다양한 천 등은 링을 감거나 링 내부의 그물을 짤 때 사용한다. 다양한 크기의 자수바늘, 일반 바느질 바늘, 코바늘, 송곳 등은 그물을 만들고 원석을 수놓을 때 사용될 수 있으며, 다양한 천연 원석, 합성 원석, 나무 구슬, 돌, 씨앗, 조화, 말린 꽃, 조개껍데기, 돌, 자개 등은 그물에 연결하거나 링과 깃털을 연결할 때 사용할 수 있다. 깃털은 소독 처리된 다양한 모든 깃털이 사용 가능하며 각종 레이스, 밧줄, 가죽끈, 실 등 끈으로 사용할 수 있는 모든 재료를 깃털 대용으로 사용할 수 있다. 나뭇가지를 자를 수 있는 전지가위와 실톱, 실이나 깃털을 다듬기 위한 작은 가위, 깃털과 원석의 연결 및 마무리를 위해 순간접착제, 글루건 등을 사용할 수 있으며 원석과 실작업의 마무리와 고정작업에서는 브러쉬형 순간접착제가 사용에 용이하다. 그 외에도 다양한 자연물과 엮고 끼울 수 있는 것은 무엇이든 재료가 될 수 있으며 자기만의 독창적인 방법으로 제작하는 것 또한 가능하다.

이러한 다양한 재료들 외에, 꿈 앤 만달라에서 특히 강조하는 재료가 있다. 과학적으로 명확히 밝힐 수는 없지만 현대에서 증명되고 있는 천연 원석의 특성과 상징성에 가치를 둔다.

사용된 공통 색의 표현

색의 표현은 대개 자기가 좋아하는 색을 사용하기 마련이지만, 나는 치료 작업과 일반인을 위한 워크숍, 대학원생들과 치료영역의 전문가들과의 작업에서 늘 침묵 명상에서 보이거나 지금 여기에서 연상되는 색을 사용할 것을 권해 왔다. 자신이 선호하는 색의 근원은 무의식의 욕구를 토대로 의식적인 요구가 양가적으로 함축되어 있고 환경에 영향을 받은 선택을 포함할 수 있어 그 또한 개인에게는 중요한 의미이다. 특히 창작작업에서 연상 이미지를 사용하는 이유는 무의식과 전의식의 요구를 반영하므로 자신의 심리상태를 가장 자연스럽고 직접적이면서도 구체화할 수 있도록 도와주기 때문이다.

색은 그 사람의 감정과 정서와 기분을 표현하고 불러일으키는 역할을 한다. 사람들은 개인의 나이와 성별 또는 문화적인 조건과 관계없이 제각기 성향에 따라 다른 반응을 나타내는데, 이것에 관한 연구는 계속되어오고 있고 색채와 정신의 관계를 연구한 문헌들도 많이 나와 있다. 예를 들면 충동성이 있는 경우 색채에 더욱 흥미가 있을 수 있고 적응적인 행동으로 가면서 색체의 강도가 안정적이게 된다. 또한 여성이 남성보다 색채에 더 많은 관심을 가진다. 흔히 따뜻한 색을 선호하는 성향은 자유로운 감정과 행동, 애정적인 관계, 그 연령에 적합한 자기중심성, 타인에 대해 온정적인 태도와 협동적이고 적응적인 성격을 가지고 있을 가능성이 더 높다. 차가운 색을 선호하는 경우는 자기 통제적이고, 지나치게 순응적이거나 비판적이면서 강한 자기주장, 솔직한 자기표현, 지적인 일에 더 많은 관심이 있고, 의존하지 않고 계획적인 생활을 하는 확고한 의지가 있는 성향일 가능성이 높다.

색의 선택은 사용한 사람의 심리상태를 이해하는 데 결정적인 역할을 하는 반면에 의도적인 선택을 통해 감정을 순화시키는 역할도 한다. 예를 들면 따뜻한 색을 사용함으로써 그 사람의 정서와 행동에 자극적 영향을 주며, 차가운 색을 통해 마음을 차분하게 가라앉히고 합리적인 문제해결에 긍정적인 영향을 미친다. 색을 선택할 때 선호하는 색의 경향은 고정적이지 않고 특정 시기와 상황, 심리적 · 물리적 환경에 따라 변할 수 있다. 뿐만 아니라 모든 색은 긍정적인 의미와 부정적인 의미를 동시에 가지고 있으므로 개인의 특성에 따라 이해되어야 한다. 색채의 상징적 의미에 대한 구체적인 내용은 내가 쓴 몇 권의 책(하나의학사와 시그마프레스에서 출간한 책들)에서, 그리고 시중에 나와 있는 문헌들에서도 부분적으로 소개되고 있으므로 선택적으로 찾아볼 수 있을 것이다.

색의 의미는 개인의 자기 탐색에서 스스로에게 질문하고 답하면서 내면의 욕구와 현실의 상황적 필요를 구별하고 이해하는 데에 도움이 된다. 그러므로 드림캐처를 만드는 과정에 사용하는 색의 선택은 그날의 연상 이미지를 따르는 것을 권한다. 색이 주는 의미를 이해할 때 주의해야 하는 것은, 개인에 따라서는 의도적으로 구성의 미적 조화를 위해 색을 선택하기도 하고 그 계절의 분위기를 고려하거나 선물하고 싶은 사람의 취향과 드림캐처가 놓일 공간과 가구 색과 분위기 등을 고려하기도 하므로, 단편적으로 무의식의 결과로만 이해해서는 안 된다는 것이다. 다만 의식적인 선택이라 하더라도 우리의 모든 마음 끌림은 자기와 전혀 무관하다고만은 볼 수 없는 내적 요구의 반응이 작용하기 마련이므로 마음이 허락한다면 무시하지 않고 그 느낌을 탐색하는 것이 도움이 된다.

사용 원석의 상징

꿈 앤 만달라 드림캐처에 새기는 원석은 천연 원석을 주 소재로 하며 인도의 원석과 히말라야 크리스탈을 선호한다. 초기 작업에서는 원석에 대해 잘 알지 못해 어느 나라가 산지인지 구별하지 않고 질 좋은 원석의 구별도 잘 안되어 관심과 상황에 따라 선택했었다. 그러나 시간이 지나면서 인도의 천연 원석을 사용하려 애쓰는 이유는, 고가의 원석이 무조건 좋다기보다는 인도라는 나라가 가지고 있는 이미지와 질 좋은 원석이 가진 빛과 의미를 더욱 귀하게 담고자 하는 마음 때문이다. 그리고 소중한 사람에게 좋은 꿈을 기원하는 마음을 전하고자 꿈 앤 만달라 드림캐처를 선택하거나 자기에게 주는 위안의 선물로 드림캐처를 간직하고자 하는 분들의 마음을 귀히 담고자 하는 기도 마음 때문이다.

드림캐처에 수 놓이는 원석은 작업 당시 기도의 연상을 따르는 것을 기본으로 하지만 특정 주제의 상징적 의미를 고려해 선택하기도 한다. 여기에서는 수많은 원석의 종류를 다 소개하지 못하고 탄생석과 꿈 앤 만달라 드림캐처에 흔히 사용되고 있는 원석 몇 가지에 제한하여 설명한다. 성서와 보석 박물관, 기타 문헌의 내용과 오래전부터 전해져오고 있는 특성별 상징들을 모아 간략하게 제시하고자 한다. 그러므로 원석에 대한 더 많은 궁금증은 보석 관련 기타 문헌들에서 찾아볼 수 있을 것이다.

탄생석

태어난 달을 기준으로 하여 행복의 수호석으로 정한 보석을 의미한다. 여기에는 탄생한 달이 일생을 지배한다는 점성술이 뿌리 깊게 내재해 있으며, 유태의 수사가 가슴에 12개 보석을 장식하여 천체십이궁(12개월과 12천사)을 나타낸 것이 탄생석의 모체가 되었다. 탄생석은 구약성서의 출애굽기 제28장에 있는 12가지 보석과 신약성서 요한계시록 제21장에 있는 12가지 보석을 기준으로 정해졌다.

서양에서는 자신의 탄생석을 가지고 있으면 불행과 질병이 예방되고 행운이 따르며 장수한다고 믿어왔다. 그러한 원석들은 현대과학으로 설명될 수는 없지만 실제로 인체에 좋은 영향을 미치는 강한 기운을 지니고 있다는 사실이 확인되었다.

1월의 탄생석 가넷 붉은빛을 가지고 있어 석류석이라고도 불리는 가넷Ganet은 사랑과 힘과 영광과 헌신의 보석으로 알려져 있다. 독과 질병과 상처를 막아내는 힘, 우애, 총명, 불변, 진리, 고난을 이기는 힘, 사랑하는 이와의 사랑을 지속시켜준다는 상징적 의미가 있다. 가넷과 루비는 노아의 방주에서 등불 대신 사용한 것으로 전해진다. 기독교에서의 가넷은 예수의 희생을 나타내고 성서에서 제사장 아론Aron의 갑옷 흉패에 쓰인 보석 중 첫 번째 줄에 장식된 보석이다. 이러한 의미에 근거하여 가넷 드림캐처를 가까이 두면, 꿈과 목표에 도전하고자 하는 건강하고 용기 있는 이에게 도움이 되고 사업의 성공을 가져다준다고 한다. 또한 가넷은 여행길에 지니면 어떠한 위험도 물리칠 수 있는 지혜와 능력을 발휘하며 전염병을 예방하고 건강을 지켜주는 신비한 보석으로 알려져 있다.

2월의 탄생석 자수정 성실과 마음의 정화와 안정을 돕는 치유석으로 알려진 자수정Amethyst은 적색과 청색이 결합된 보라색으로 하늘을 상징하는 청색과 사람의 피를 상징하는 적색의 의미가 결합되어 있다. 보라색이 신과 인간의 결합을 상징하는 고귀한 색으로 전해지게 된 이유도 여기에서 유래되었다고 볼 수 있다. 사람들은 오래전부터 자수정이 마음의 평화를 유지하도록 도우며 창의적인 사고를 강화하여 변화와 의식의 이동을 돕고, 겸허한 자세로 본질을 보는 능력과 행운과 명예를 지키는 힘을 발휘하는 힘을 갖게 하는 원석으로 여겨왔다. 자수정은 우울과 불면증, 혈액 관련 질환과 신경통 및 전염병을 예방하는 치유석으로도 알려져 있다. 자수정의 겸허함과 청순, 순결의 상징은 종교의 율법과 금욕을 상징하며 교회의 의전 제기나 추기경의 반지로 사용되었다. 성서에는 아론의 흉패와 이스라엘 제사장의 허리띠에도 자수정이 장식되어 있다는 기록이 있다. 우리 사회에서는 육군학사장교의 임관 반지에 사용되기도 한다.

3월의 탄생석 아콰마린 바다의 물을 상징하는 아콰마린Aquamarine은 안전한 항해를 보장해주는 수호석이다. 이는 삶이 막힘없이 안전하게 흘러가고 특별한 인연이 안정적으로 유지되어 좋은 친구 관계를 유지할 수 있도록 돕는다. 또한 연인관계에서도 결혼 후 행복한 가정을 유지하도록 보호하는 결혼의 상징석이자 희망과 건강과 통찰력과 예지력을 갖게 하는 원석으로 알려져 있다. 아쿠아마린에는 신경을 안정시키고 몸의 피로를 돕고 마음을 정화시키는 힘이 있어서, 성격이 급하고 신경질적인 사람이 소지하면 신경이 안정된다고 하여 명상에도 좋은 원석으로 알려져 있다.

4월의 탄생석 다이아몬드 & 백수정 다이아몬드Diamond는 전통적으로 왕의 상징으로 승리와 성공의 정점을 의미하는 보석으로 알려져 왔고 과거에는 모든 병을 치유하는 힘이 있는 보석으로 여겨지기도 했다. 또한 사막에서 갈증에 시달리던 어머니가 다이아몬드를 넣은 꿀을 마시고 사경을 헤매는 아이에게 젖을 줄 수 있게 되어 아이를 살릴 수 있었다는 이야기도 전해진다. 이로 인해 다이아몬드는 현대에서도 여성들이 간직해야 하는 수호석으로 여겨진다. 다이아몬드는 사랑에 대한 신뢰와 지조를 지켜주는 힘이 있고, 빛과 생명과 태양을 상징하며, 영속성과 성실성과 순진무구함의 의미를 담고 있다. 또한 영원한 사랑과 안정을 가져다주는 행운의 상징석이다. 오늘날 다이아몬드를 결혼반지의 대표석으로 손꼽는 이유도 여기에 있다.

꿈 앤 만달라는 드림캐처에 사용할 수 있는 다이아몬드 구입이 불가능해 영국의 관례를 따라 백수정Rock Crystal을 4월의 탄생석으로 사용하고 있다. 힐링 에너지로 알려진 백수정은 모든 별자리와 차크라에 대응하고 함께 사용되는 원석 간의 조화를 이루게 하는 파워스톤이다. 백수정은 에너지를 조절해주고, 정화작용과 직관력과 승부 운을 높여주며, 관계를 원만하게 하고, 부정적인 생각을 없애고, 마음을 안정시켜 집중력을 향상시킨다고 하여 치유석으로 널리 사용된다. 백수정은 태양에너지로부터 빛을 받아 방출하므로 어둠과 탁한 기운을 빛의 에너지로 바꾸는 힘이 있고, 인체의 균형을 유지시켜 주며, 진정한 자기와 접촉하게 한다. 또한 수호신과의 소통을 돕는 에너지를 가진 원석으로서 영적 완성, 스스로 빛나는 자, 순결, 청순의 의미를 담고 있다. 백수정으로 만든 배와 슬리퍼는 새로운 치유로의 이행을 상징한다.

5월의 탄생석 에메랄드 자연에 있는 녹색 빛의 대표석인 에메랄드Emerald는 동서양을 막론하고 나쁜 것은 쫓고 좋은 것은 가져와 몸과 마음을 정화하고 행복과 행운을 가져다주는 보석으로 알려져 있다. 더불어 에메랄드는 미의 여신인 비너스에게 바쳐진 보석이자 최초로 장식용으로 쓰였으며 클레오파트라가 가장 즐기던 보석이었다. 에메랄드를 소지하고 있으면 미래를 예언할 수 있는 능력과 마음을 관대하게 해주는 힘을 얻을 수 있다고 전해지고 있으며, 희망을 나타내고 사랑하는 사람들의 신의와 성실을 상징하므로 시대를 망라하여 많은 사람들의 사랑을 받아온 보석이다. 예수그리스도 최후의 만찬에 사용된 성배가 에메랄드로 만들어졌다고도 전해지며, 예수가 십자가에 매달렸을 때 흘린 피를 에메랄드 성배로 받았다고 전해온 속설로 인해 서양에서는 부활을 상징하는 보석으로 여겨왔다.

6월의 탄생석 진주 진주Pearl는 바다에서 발견된 보석으로 청순과 순결, 건강과 장수와 부를 상징하며, 마음을 안정시키고 해독작용을 통해 상처를 아물게 하는 효력이 있는 탄생석이다. 조가비 속에서 숨쉬며 자라나는 살아 있는 보석인 진주는, 자라고 있는 조개 속으로 바다의 이물질들이 들어왔을 때 자기를 보호하려고 분비한 체액이 쌓여 이뤄진 고통이 덩어리져서 만들어진다. 그 탄생의 아픔을 견디어 낸 결과로 얻어진 보석인 만큼 진주는 더욱 많은 이들의 사랑을 받고 있다.

7월의 탄생석 루비 열정적인 애정을 나타내는 사랑의 보석이자 평화로운 삶을 지속하게 하는 파워스톤으로 불리는 루비Ruby는 태양을 상징하며 진실과 위엄과 영원한 생명과 열정을 나타낸다. 특히 구약성서에서는 루비의 빛으로 노아의 방주 내부를 밝혔다고 하며 천국과 생명과 연관 있는 보석으로 인식되면서 축복의 상징으로 여겨졌다. 특히 진홍의 루비를 보석 중의 보석, 최고의 귀한 보석으로 칭한다. 루비를 소지하고 있으면 부정적인 마음이 사라지고 따뜻한 감정과 건강과 용기를 갖게 되며, 마음속의 두려움을 물리치고 화해의 힘을 발휘하게 될 뿐 아니라, 부와 삶의 지혜를 가질 수 있는 축복을 받게 된다고 전해진다. 루비는 붉은색의 원석으로 다양한 질병의 특효약으로 사용되었는데, 13세기 인도 서적과 1700년대 독일에서도 보석이 치료약제로 사용되었음을 알 수 있다.

8월의 탄생석 페리도트 우주로부터 온 유일한 보석인 페리도트Peridot는 행복과 지혜와 화합의 대표적인 보석이다. 페리도트는 감람석Olivine의 일종으로 화학성분에 따라 노란빛이 도는 페리도트는 크리소라이트Chrysolite라고 하고 에메랄드그린 색상을 띄는 것을 페리도트라 한다. 에메랄드라는 별칭을 가진 페리도트는 낮에는 드러나지 않지만, 밤에 더욱 빛을 드러내 어두운 세상을 밝히고 모든 악을 물리치는 힘이 있다고 한다. 그래서 이 원석을 몸에 지니면 무서운 어둠과 공포와 근심 걱정과 악몽에서 벗어날 수 있다는 믿음이 존재했다. 분노와 슬픔에 빠진 이에게 긍정적인 에너지를 지원하고 희망과 용기를 주어 꿈을 실현하고 세상을 밝혀주며 관계를 회복시켜준다는 상징적 의미를 가지고 있다.

9월의 탄생석 사파이어 옛날부터 루비와 함께 치료적 힘을 가진 보석으로 알려진 사파이어Sapphire는 하늘을 상징하는 스톤으로 알려져 있으며 기독교에서는 성 바울의 상징으로 여겨졌다. 중세 유럽에서는 성직자의 반지로 사용되었고 교회의 상징으로 10계명을 이 원석에 새겼다는 설도 있으며 출애굽기에서는 사파이어의 투명함이 '천체와 같다'라는 표현이 있다. 자애, 성실, 진실, 진리, 덕망, 불변, 순결의 의미를 지닌 사파이어는 타인의 악의에 찬 눈길을 막아주며 정절의 서약을 수호하는 힘의 상징으로 받아들여진다. 사파이어의 신성성은 마음뿐 아니라 몸의 치유에도 효과가 있다고 알려져 고대말기에는 가루 낸 사파이어로 그린 그림을 보는 사람마다 마음의 병이 사라지고 정신적인 질환으로부터 보호받으며 치료하게 하는 힘이 생긴다고 믿었다.

10월의 탄생석 오팔 희망과 순결한 사랑과 로맨스의 상징인 오팔Opal은 각도에 따라 색이 달라지는 특성이 있으며, 오팔의 어원은 그리스어의 오팔리오스Opallios에서 비롯되었는데, 이는 귀한 돌이란 뜻을 담고 있어 다른 보석들과는 차별화된다. 오팔은 무색, 황색, 갈색, 녹색, 청색 등 색상이 다양하고 무지개색이 나오며 유색 효과 존재 여부와 무관하게 오팔 자체의 바탕색으로 가격이 결정되기도 한다. 오팔은 루비와 자수정과 에메랄드의 신비로운 색이 모두 합해진 보석이다. 오팔을 소지하면 잠재된 창조성이 발현되며 영감을 얻을 수 있다고 알려져 있어 예술계에서 환영받는 원석이다. 또한 시력 강화와 전염병을 예방하고 독성을 약화시킨다고 전해지고 있으며 슬픔을 경감시키는 효과가 있어 정신건강과 신체건강에도 도움이 된다고 전해진다.

11월의 탄생석 토파즈 신약성서의 요한계시록은 토파즈Topaz를 귀한 열두 보석 중 아홉 번째로 기록하고 있으며 이는 또한 청렴결백의 상징이었다. 성서 속의 토파즈는 그리스의 토파지오라는 섬에서 발견된 호아색의 보석에 섬 이름을 붙여 토파즈라고 불렀다고 한다. 우정과 희망과 결백을 상징하며 희망과 부활의 상징석인 토파즈는 악몽을 쫓고, 길을 밝혀 목표를 비춰주고, 슬픈 감정을 안정시키는 것으로 알려져 있다. 또한 외부의 부정적인 것으로부터 스스로를 보호하도록 지혜를 가져다주며, 몸과 정신의 성장을 돕는 원석으로 여겨진다. 기독교 전통에서는 토파즈가 청렴결백을 나타낸다고 전해지며 고대인들은 토파즈를 소지하고 있으면 슬픔을 사라지게 하는 용기와 지혜를 얻을 수 있다고 믿었다.

12월의 탄생석 터키석 & 탄자나이트 행운과 성공과 승리의 상징인 터키석Turquoise은 전세계에서 가장 오래된 보석 중 하나이다. 이는 오래전부터 심령적인 스톤으로 알려져 있으며 성직자들에 의해 사용되어왔다. 터키석은 우리가 살아가는 데 필요한 대부분의 힘을 상징하며, 선물을 주는 사람이나 받는 사람이 서로 화해하게 하며, 지혜와 용기와 신뢰와 사랑과 우정을 상징하는 보석이다. 해열 작용과 혈액 관련 질병, 그리고 시력 개선에도 치료 효과가 있다고 알려져 있고 먼 길을 갈 때 위험으로부터 지켜주는 여행의 수호석으로도 알려져 있다. 성공과 번영을 가져오고 불행과 위험을 막아준다는 이유로 사업가와 남성들의 장신구로 사용되기도 했다. 2002년 미국에서 12월의 탄생석으로 지정한 탄자나이트Tanzanite는 4대 보석에 준하는 가치를 가진 원석이며 아프리카의 푸른 별이라고도 불린다. 강박적 사고와 스트레스로부터 벗어나도록 정서적 안정을 돕고 지성과 판단력을 부여하여 올바른 선택을 하도록 돕는 파워스톤으로 알려져 있다.

탄생석 이외에도 수많은 원석과 그에 대한 상징적 이야기들이 많지만 여기에서는 '꿈 앤 만달라'에서 자주 사용하고 있는 원석을 중심으로 추가하여 소개하기로 한다.

골드 파이라이트 많은 파워스톤 중에서도 더욱 강한 효력을 발휘하는 것으로 알려진 골드 파이라이트Gold Pyrite는 부의 상징, 용기와 자신감, 내면의 힘, 자기 가치를 빛내도록 격려하며 영감의 원천이 되도록 돕는 파워스톤이다. 골드 파이라이트를 가까이에 두면 마이너스 에너지로부터 지켜주고 부정적 에너지 중에서도 질투와 증오로부터 지켜주므로 관계에서의 스트레스를 완화하고 안정감을 찾는 능력을 발휘하게 된다고 한다. 목표를 향한 꿈이나 계획만이 아니라 적극적으로 실제 행동으로 옮기게 하고 성공을 가져다준다고 하여 수험생이나 연구 활동을 하는 사람 또는 사업가의 능력을 끌어내 주는 파워스톤으로 알려져 있다.

녹옥수 에메랄드와 함께 5월의 탄생석으로도 알려진 녹옥수Chrysoprase는 칼세도니에 니켈이 함유되어 녹색과 적색을 띠는 것에 따라 녹옥수와 홍옥수(카넬리언)로 나뉘어 불린다. 유럽에서는 금보다 귀한 돌로 간주되며 기쁨의 상징으로 알려져 왔다. 몸에 지니면 마음을 안정시켜 주고 자기중심성과 강박성 및 충동적인 생각과 행동을 제어하여 긍정적인 마음을 품도록 돕고 용기와 희망을 불러일으키고 창의성을 자극해 사적인 관계나 사업에 충실하게 하며 숙면에도 도움이 된다고 알려져 있다.

라피스라줄리 라피스라줄리Lapis lazuli는 자존감과 자신감을 강화하고, 정신과 신체와 감정을 발전시켜 사랑을 싹트게 하고 연인의 사랑과 꿈을 지켜주며, 기쁨과 믿음이 부족한 이에게 깊은 신뢰와 삶의 용기를 갖게 하고, 순결과 희망과 지혜와 성공을 상징하는 힐링석이다. 불교에서는 행운의 돌로 상징화하고 악귀를 쫓는 힘이 있다 하여 부적으로 사용하기도 하며, 이집트인들은 특별하고 강력한 파워스톤으로 라피스라줄리를 지칭한다. 라피스라줄리는 가까이에 두면 내외부의 부정적인 것들을 제거하여 재앙을 예방하고, 통찰력과 결단력을 돕고 잠재능력을 끌어올리고 내면의 문제를 표면화하여 해결을 촉진하며, 관계에서의 분노와 질투를 감소시켜 인격적으로 성숙한 파트너가 되게 하는 파워스톤으로 전해지고 있다. 편두통과 호흡기 면역체를 강화시키는 등 건강을 위한 치유석으로도 알려져 있으며 자녀 양육에서도 자녀가 옳은 길로 가도록 지도하는 사랑의 매 작용을 하여 영성의 성장을 돕는 보석으로 전해지고 있다.

래브라도라이트 태양과 달을 상징하는 래브라도라이트Labradorite는 운명의 돌, 삶의 길 제시, 부정적 에너지 제거, 스트레스 극복, 힘과 용기, 지혜와 빛의 상징석이다. 일상에 지친 이에게 정신적 에너지 회복과 몸의 정화를 돕고 생각을 정리시키고 나쁜 기운을 막으며 심리적 불안과 부정적 생각을 해소하도록 돕는다. 또한 재능과 끈기와 지속력 강화에 도움을 주며 금전운과 사업운을 가져다주는 파워스톤이다. 자연 치유자들에게는 눈과 뇌장애, 신진대사, 감기, 호르몬 조절, 통풍, 류머티스 관절치료 등에 효과가 있는 치료석으로도 알려져 왔다.

로도나이트 로도나이트Rhodonite는 마음의 병과 정신적 스트레스로 힘든 이에게 정서적 안정을 가져다주고 외상 경험의 충격으로 인한 공포와 마음의 상처를 제거하고 혼란을 덜어준다. 공황 상태로부터 벗어나 정서적 · 감정적 균형을 찾고 유지시켜 주는 에너지를 가지고 있다 하여 트라우마 치유석으로 알려져 있다. 정신적 에너지의 강력한 힐링과 주변인에 대한 포용력과 관대함을 가질 수 있도록 긍정적 에너지를 상승시켜주며 사랑의 에너지를 가진 원석 중 가장 강력한 힘을 가진 파워스톤으로 알려져 있다. 우울감, 자신감 부족, 무기력감 등의 다양한 부정적 상황에 있는 사람에게 자신의 내면적 가치를 깨닫게 하고 올바른 길의 방향성을 찾고 결정하는 힘을 갖게 한다. 뿐만 아니라 치유를 돕고 삶을 긍정적으로 바라보게 하는 강력한 힐링 효과를 가진 파워스톤으로 전해져 왔다.

마노 수호의 스톤이라는 상징을 가진 마노Mano는 보석용 이름으로는 아게이트Agate로 불린다. 다양한 색과 그에 따른 많은 의미를 가진 마노는 정신적 성숙을 인도하며 안정을 가져다주고, 장수와 건강과 행복과 부를 기원하는 행운의 상징석으로 전해져 온다. 마노를 가까이에 두면 자존감이 향상되고 재앙을 예방하며 마음이 유연해져서 정신적으로 안정되며 좋은 친구를 사귀게 된다. 또한 마노를 가까이에 두고 잠을 자면 밤의 부정적 에너지를 막아주고 안정감을 끌어주어 숙면을 돕는다고 한다. 특히 붉은색의 마노는 사랑과 건강과 부와 장수와 평안의 상징이며 검은색의 마노는 용기와 활력과 대담성과 번영을 상징한다.

말라카이트 변화의 스톤으로도 알려져 있는 말라카이트Malachite는, 어떠한 상황에서도 위험을 무릅쓰고 용기를 내고 영적 성장을 막는 방해물을 발견하는 통찰력과 깊은 사고기능을 발휘하게 한다. 말라카이트로 만든 드림캐처를 아기 요람에 걸면 모든 부정적인 것들이 사라지며 마법으로부터 안정되게 보호를 받아 아기가 편히 잠들게 한다고 전해진다. 말라카이트는 화학적으로도 방사선 물질, 대기오염 물질을 흡수하는 능력이 강하므로, 이 원석을 가까이에 두면 잔병치레가 없고 불안한 에너지를 차단하고 마음과 영혼을 보호하는 특별한 파워스톤으로 알려져 있다.

모거나이트 4월의 탄생석이기도 한 모거나이트Morganite는 불순물의 강도에 따라 사랑과 관련이 깊은 핑크빛과 연어색, 살구색, 청보라색을 띤다. 타인의 호감을 불러일으키고 주변에 사랑이 넘치게 하는 힘을 가졌다 하여 애정과 순수함과 아름다움의 상징으로 알려져 있다. 모성의 보석으로도 전해지고 있으며 스트레스를 가라앉히고 마음을 진정시켜 주는 효과가 있는 치유석이다. 사랑과 자유와 행복한 결혼의 상징석으로써 심신의 균형을 유지하며 살아가면서 느끼는 진정한 행복을 일깨우고 주변에 휘둘리지 않게 하며 유연성과 밝은 마음을 가져다준다고 알려져 있다. 또한 중요한 사람과의 관계를 더욱 깊게 하고 자기 사랑을 지키면서 상대에게 헌신적인 사랑을 줄 수 있는 에너지를 유지하게 하는 힐링석으로 전해져 왔다.

문스톤　진주와 함께 6월의 탄생석으로 알려진 문스톤Moonstone은 오래전부터 열정을 불러일으킬 뿐 아니라 미래를 예측하고 그 미래가 어떠하든 함께할 것을 발견하게 해 준다. 그러므로 문스톤은 성숙한 파트너로서 인연을 강하게 연결하여 사랑이 깊어지고 행복한 결혼을 지속시켜주는 희망의 상징이자 연인들의 보석으로 알려져 왔다. 문스톤을 가까이에 두면 감수성이 풍부해지고 사랑의 마음을 깊게 하며 여성의 호르몬 균형을 돕는다 하여 문스톤을 주요 소재로 사용한 드림캐처는 결혼선물과 출산을 앞둔 산모의 선물로 선택되기도 한다. 또한 행복과 행운을 가져다주고, 직관력 향상에 도움이 되고, 여행자의 몸과 마음을 보호하며, 불면증 치료와 유익한 꿈과 마음의 힐링에 도움을 준다. 또한 정신증을 예방해 주고 망상을 감소시키는 치유석으로도 알려져 있다. 인도의 전설에서는 달빛 아래에서 생겨난 문스톤 안에 자비로운 영혼이 담겨 있어, 문스톤을 가까이에 두면 좋은 미래를 가져다준다고 전해진다.

블러드스톤　블러드스톤Bloodstone은 두려움과 불안으로부터 지켜주고 용기와 힘과 진정한 자아를 회복하는 데 도움을 주는 최고의 원석으로 알려져 있으며, 블러드스톤은 희생과 봉사의 더 높은 삶의 부름을 상징한다. 블러드스톤은 녹색에 붉은색의 얼룩무늬가 있어 많은 나라에서 이것을 예수의 피로 해석하며 고대로부터 이를 마법의 돌로 소중히 여겨 왔다. 혈석을 지니고 있으면 잠재능력을 발휘하고 에너지를 회복하여 자신감을 갖게 되고 자존감이 높아져 다양한 장애물을 극복할 수 있는 힘을 부여받게 된다고 한다. 장수와 건강의 상징석으로도 알려져 있다.

비취　동양의 에메랄드로 불리는 비취Jade는 에메랄드와 함께 5월의 탄생석으로도 알려져 있는데 일반적으로는 옥이라고 불린다. 비취는 품위, 인, 의, 지혜, 용기, 고결, 질병 예방, 새로운 일 시작에서 중요한 판단에 도움이 되고 낭비를 줄여 부와 행복을 누릴 수 있게 된다고 알려져 있다. 중국에서는 비취를 국석으로 지정하고 하늘의 보석이라고 하여 가장 선호하며, 행운과 행복을 상징하며 귀신을 쫓아 준다고 하여 부적처럼 선호한다. 미얀마에서 산출되는 비취는 다이아몬드, 진주, 루비, 사파이어, 오팔, 에메랄드와 함께 7대 보석 중 하나이기도 하다.

산호 일상의 긴장과 불안을 제거하고 행복과 행운을 가져다주며 가정의 화목을 지켜주는 대표석으로 알려진 산호Coral는 아콰마린과 함께 3월의 탄생석으로도 알려져 있다. 산호를 간직하면 부부 금실과 가정의 행복뿐 아니라 산호가 주는 뇌력 때문에 시신경이 원활해져 뇌의 안 좋은 물질을 세척하고 회복시켜준다고 한다. 따라서 코피와 침을 자주 흘리는 아이에게 효과적이고 흡수만 하는 습기 제거제와는 다르게 습도조절에도 효력이 있는 것으로 알려져 있다. 산호석의 기원은, 페르세우스가 메두사의 머리를 잘라 자루에 넣고 여정을 마치고 돌아가는 중 해변에 내려놨는데 자루를 타고 흐른 피가 해초를 돌로 만들었다는 설에서 유래한다.

소달라이트 마음의 스톤으로 불리는 소달라이트Sodalite는 평안과 평온을 상징하며 세계적으로 진정성의 상징으로 알려져 있다. 잡념을 없애고 예민한 성격 요소를 감소시켜 풍부한 상상력을 발휘하게 하는 지성의 보석으로, 스트레스와 공포와 부정적 생각을 없애고 자기 존중과 마음의 평화를 가져다준다. 또한 인내심을 갖고 재능을 발휘하여 목표를 성취하고 성공적인 삶을 살도록 안내하는 파워스톤이다. 혈압을 낮추고 신장과 간 기능회복에 도움을 주며 수면장애에서 벗어나도록 돕고, 원만한 대인관계로 끌어주고 학업운을 가져다주며 심신의 안정과 평안을 가져다주는 치유석으로도 알려져 있다.

썬스톤 태양의 기운을 담은 썬스톤Sunstone은 일장석이라고도 불린다. 고대 그리스에서는 태양신의 상징으로 숭배받아왔고 인도와 캐나다에서는 축하의 도구로 사용되어왔다. 숨겨진 능력을 끌어내고 승부운을 높이는 특별한 능력이 있다고 전해지는 파워스톤으로, 몸에 지니면 얼어붙은 마음이 녹아 우울감에서 벗어나 긍정적 에너지를 갖게 된다고 한다. 대인관계, 직장운, 애정운, 자존감에 도움을 주며 마음의 상처를 치유하고 안정적인 감정과 밝은 기운을 끌어준다고 하여 열정과 기쁨과 치유의 상징석으로 불린다.

씨트린 프랑스어로 레몬의 이름을 딴 씨트린Citrine은 토파즈와 함께 11월의 탄생석으로 알려져 있다. 수정의 한 종류로 용기와 희망과 우정과 결백을 상징한다. 강력한 재생력을 가지고 있어 오래전부터 몸에 지니면 삶에 불필요한 부정적 에너지를 흡수하여 부정적인 생각과 주변 환경으로부터 보호받으며 집중력과 영감과 지혜로 적극적인 잠재력을 발휘하게 된다고 전해진다. 우울감과 불안과 두려움과 만성적인 피로와 스트레스로부터 벗어나 자신감을 갖고 균형적인 삶을 향하는 힘을 발휘하게 하며 성공과 부의 상징석으로도 알려져 왔다.

아라고나이트 밝은 에너지를 가진 아라고나이트Aragonite는 존재감을 상승시켜 관계를 좋게 만드는 인맥의 스톤으로 불린다. 심리적으로도 외부에 흔들림 없이 안정적이고 자기다운 모습으로 용기 있게 살아가도록 힘을 실어주는 에너지를 가지고 있다. 사업가에게는 잠재력을, 연예계에 종사하는 사람에게는 매력과 존재감을 끌어주고 자기 가치를 높여줄 뿐만이 아니라 스트레스에서 벗어나 평소보다 더 많은 능력을 발휘하게 하는 파워스톤이다. 손발을 따뜻하게 하며 근육경련을 멈추게 하는 효능이 있다고 하여 자연 치유에도 사용되어왔다. 인내와 수용과 신뢰와 융통성을 가지고 현실을 보고 신체적으로도 영적으로도 균형적인 삶의 방향을 찾고 나아가는 능력을 발휘하게 하는 힐링석으로도 알려져 있다.

아마조나이트 행운과 희망의 상징인 아마조나이트Amazonite는, 여성성과 남성성을 균형 있게 사용하고 감정을 조절하여 나태하고 무력한 심신을 치유하며 스트레스를 감소시켜 꿈과 목표를 이루는 능력을 발휘하게 하는 파워스톤이다. 초기우울증에도 치유적 효과가 있다고 알려진 아마조나이트는 목의 긴장된 에너지를 풀어주어 근육경련을 해소해주고, 관계의 소통과 표현력 부족과 우유부단한 성향에도 도움이 되는 치유석으로 전해져 왔다. 특히 자기표현과 잠재력을 강화시켜 준다고 하여 예술가들을 위한 최고의 부적으로도 알려져 있다. 뿐만 아니라 아마조나이트는 자아의 모든 면을 경청하고 통합할 수 있는 능력을 발휘하게 하므로 감정에 치우치지 않고 자신의 진실한 생각과 감정을 전달하는 힘을 갖게 한다. 타인과 진실한 관계를 유지하게 하고 내면의 자기와 진정한 화해를 할 수 있도록 이끌어주는 진실의 돌이라고도 불린다.

아벤츄리 아벤츄리Aventuri는 부정적인 생각을 감소시키고 감정을 안정시켜 마음을 편안하게 하며 지각력을 자극하여 잠재적인 창의력을 발휘하도록 끌어주는 힘을 가지고 있다. 또한 평화, 사랑, 삶의 기회에 대한 혜안을 넓혀주고 불안한 마음과 외부로부터 오는 부정적 스트레스로부터 보호해 주며 마음의 안정을 찾으며 공감 능력을 강화하고 인내심과 리더십을 활성화하도록 돕는 파워스톤으로 전해져 왔다. 사회적으로는 부와 명예를, 정서적으로는 평온하고 안정적인 일상을 유지하게 하며, 타인의 말에 귀를 기울이게 하여 신뢰 관계를 유지하게 할 뿐만 아니라 자신의 미래에 대한 확신으로 안정적인 삶의 방향을 유지하도록 돕는 힐링석으로 알려져 왔다.

아파타이트 사랑과 신뢰의 상징으로 전해지고 있는 아파타이트Apatite는, 인연을 강하게 연결하는 힘이 있어 연인과 부부와 집단 등 모든 관계와 소통을 강화하고 조직의 응집성을 돕고 관계에서의 감정적 상처를 치유해 주는 파워스톤이다. 또한 아이들의 자신감을 높이고, 신체 건강과 성장을 돕는 동시에 긍정적 사고를 강화하며 불안한 정서를 완화시킨다. 더 나아가 외부의 영향에 흔들리지 않고 안정적인 자기 사랑을 이어갈 수 있도록 돕는 힐링석으로도 알려져 있다.

연수정 연수정Smoky quartz은 부정적인 에너지를 부드럽게 바뀌게 하므로, 감정조절이 힘든 사람의 마음에 안정을 가져다주며 희망을 주고 대인관계를 원만하게 유지하는 힘을 발휘하도록 돕고 두려움을 제거하고 우울에서 벗어나 마음의 위안과 안정감을 갖게 하는 힐링석이다. 인내심을 상승시키고 에너지를 집중시켜 영감을 주므로 수험생과 새로운 무언가를 시작하고자 하는 이에게 가능성의 힘을 끌어다 준다. 치유력이 강해 실패로부터 회복하는 힘을 갖게 하며 특히 두통과 신체통증을 완화시키고 미네랄의 흡수를 도와 몸의 수분과 체액 조절에 도움을 주는 자연 치유석으로도 알려져 있다.

오닉스 마음을 안정적으로 가라앉혀 숨어있는 능력을 끌어내어 발휘하도록 돕는 파워스톤으로 알려진 오닉스Onyx는 위장 통증 및 심장 통증, 협심증과 허약체질 등의 보석 테라피에 사용되기도 한다. 시험을 앞둔 이의 기억력을 강화하며, 자기가 삶의 주인이 되게 하고 관계의 화해를 불러 오는 힐링석으로 알려져 있다. 스트레스를 극복하게 하고 혼란을 제거하며 자신감과 열정을 가지고 삶을 끈기 있게 살아가게 하는 힘을 가진 파워스톤이다.

우나카이트 함께 성장한다는 의미를 가진 우나카이트Unakite는 삶을 둘러싼 여러 상황에서 육체적 · 정신적으로 조화로운 삶을 유지하게 하는 힐링석으로 알려져 있다. 심리적으로 힘든 일이 있을 때 우나카이트를 가까이에 두면 조화롭게 문제를 해결할 수 있는 능력을 발휘하게 된다고 한다. 뿐만 아니라 관계에서 갈등하며 고통을 겪는 사람에게는 긍정적 에너지를 끌어주어 타협과 화목한 관계를 위한 건강한 변화와 치유로 안내하고, 통합적인 삶을 살도록 안내하는 파워스톤으로 전해진다.

잉카로즈 & 장미수정 강력한 사랑의 힘을 가진 잉카로즈Inca Rose는 특히 여성과 잘 어울리는 에너지를 가지고 있고, 마음의 상처나 힘들고 슬픈 감정을 안정시키는 효과가 있다고 한다. 일상의 스트레스를 완화시켜 주고 심신을 안정시키며, 과거의 상처에서 벗어나 새로운 사랑으로 가도록 위로와 용기를 주는 치유석이다. 가넷과 함께 1월의 탄생석 중 하나이기도 한 장미수정Rose Quartz은 우애, 진실, 충실을 의미하며 온화한 기운을 가진 스톤으로, 사랑의 기쁨을 일깨워주어 삶에 애정을 갖게 한다고 알려져 있다. 공격적인 성격을 가진 사람이 장미수정을 가까이에 두면 따뜻한 마음을 잃지 않으므로 균형적인 정서로 긍정적인 대인관계를 유지하게 되며 내적인 아름다움을 키워가도록 돕는 힐링석이다.

아이올라이트 아이올라이트Iolite는 자신의 감정이나 고정관념으로 인해 흐려진 판단으로 사물을 보는 것이 아닌 있는 그대로의 진실을 꿰뚫어 볼 수 있는 능력을 갖게 하는 파워스톤이다. 진실을 보는 능력과 영적인 깨달음과 직관력을 높여 삶의 목표를 올바른 방향으로 이루어 나아가기 위한 이정표가 되어준다. 스트레스나 부정적인 생각을 완화시키는 힐링석으로, 무엇이 옳은지를 고민할 때 방향을 제시하고 긴장감과 불안 등 내면에 축적된 부정적 감정을 씻어내고 안정감 있게 자신감을 갖고 당당하게 걸어가도록 방향을 인도하는 파워스톤으로 전해지고 있다. 사물을 다양한 각도에서 보는 눈을 길러주므로 희망이 없다고 느끼는 상황에서도 숨겨진 가능성을 비춰 해결책을 제시하며 정체성을 일깨워 본래 자기를 되찾고 본질을 보고 진실을 가늠하는 힘을 갖게 하는 파워스톤으로 알려져 있다.

자개 부귀영화의 상징석이자 행운을 가져다주는 수호석인 자개Mother-of-pearl를 가까이에 두면 부정적인 것들로부터 보호받으며 상처받은 마음이 치유를 얻어 자애롭게 되며 사랑과 건강과 아름다움을 지켜준다고 알려져 있다. 자개는 어머니와 여성을 상징하며 진주를 품어 탄생시킨다고 하여 강한 보호력를 가진 원석으로 전해지고 있다.

자마노 오래전부터 호안석과 함께 명예와 부의 상징으로 사용되었던 자마노Sard는 희망, 건강, 사랑, 행운, 평안, 상처치유, 힘, 끈기, 혈액순환, 조화, 자신감, 분노 감소, 우울증 예방, 정신적 사고능력을 높여주는 수호석으로 알려져 있다. 긍정적인 대인관계를 유지하게 하며 진실한 사랑을 끌어주며 분노와 부정적 감정을 감소시키고 마음의 상처를 치유하며 혈행과 염증 완화에도 효과가 있는 힐링석이다. 유럽에서는 자마노의 붉은색 에너지가 외부의 부정적인 기운으로부터 보호해 주는 특별한 능력이 있고 행운을 불러들인다고 하여 부적으로도 사용해 왔다.

차로아이트 러시아 차로 강에서만 나오는 희귀 원석인 차로아이트Charoite는 건강과 긍정적 관계와 보호력을 가진 3대 힐링석으로 전해진다. 차로아이트는 어려움에 당면했을 때 공포를 극복해가는 용기를 주고, 스트레스를 잠재워 잡념을 없애고 평온한 마음 상태를 유지하도록 도우며, 통찰력과 관찰력을 강화시켜 지혜로운 결정을 하도록 돕고, 자발성을 부여하여 정신과 신체를 조화롭게 하며 강박관념과 좌절을 극복하게 하는 파워스톤이다. 차로아이트 드림캐처를 침대 가까이에 두면 몽유병과 수면장애를 예방하므로 깊고 편안한 수면을 유지할 수 있다고 한다.

침수정 수정 내부에 루틸 혹은 기타 광물질이 침 형태로 내포된 침수정Rutilated quartz은 천사의 영혼을 간직한 수정으로 알려져 있다. 천사의 머릿결을 닮았다고 하여 엔젤스 헤어Angel's hair라는 별명을 가지고 있으며 화살을 품고 있다고 해서 큐피트의 화살Cupid's dart로도 불린다. 침수정은 집중력과 감성을 높여주고 직관력을 가지고 현명한 선택을 할 수 있게 하며, 옳은 선택과 좋은 길로만 향하게 하는 파워스톤으로서 많은 수정들 중에서도 가장 마법 같은 힘을 가지고 있다고 전해져 왔다.

카야나이트 카야나이트Kyanite는 두려움과 공포를 제거하고 진실을 말할 수 있는 용기를 갖게 하며 직감과 통찰과 표현능력을 향상시키는 상징석이다. 몸과 정신이 통합적으로 균형을 이루도록 돕고 서로 다른 생각을 하나로 모아 관계를 회복시켜 조화로운 대인관계를 유지하도록 돕는 파워스톤으로 알려져 있다. 카야나이트를 가까이에 두면 혼란, 분노, 좌절, 스트레스로부터 자유로워진다. 정체성과 삶에서의 영적 경로를 찾도록 새로운 에너지를 끌어내고 극한 상황에서도 논리적인 사고와 행동을 유지하도록 돕고 새롭고 긍정적인 생각과 아이디어를 끌어내어 준다. 일상의 스트레스로부터 보호하고 분노와 좌절감을 극복하는 잠재능력을 발휘하게 하며 힘든 상황에서도 지혜와 긍정적인 사고로 극복의 변화를 향해가도록 돕는 치유의 상징석으로 알려져 있다.

칼세도니 부정적인 에너지를 흡수하는 보호석으로 알려진 칼세도니Chalcedony는 미세한 수정의 결정이 모여 생성된 원석으로, 편의상 무늬가 없이 색이 균일한 것을 칼세도니라 하고, 줄무늬나 특정 무늬가 있는 것을 마노(아케이트)라고 구분하여 부른다. 칼세도니는 은과 같이 독을 막아주는 성질이 있어 과거에는 성배로 사용되기도 했다. 칼세도니는 독을 막아주는 성질 외에도 독소를 해소하는 작용도 한다. 정화제의 힘이 있는 이 원석은 신체뿐만 아니라 부정적인 생각과 감정을 흡수하여 신뢰 관계를 유지하게 하고 악몽으로부터 보호하며 건강과 행복을 가져다주는 파워스톤이다. 특히 덴드리틱 칼세도니Dendritic Chalcedony는 부정적이고 소극적인 면을 제거하여 소통에 도움을 주고 불쾌한 상황이나 대중 앞에서 말을 해야 할 때 능력을 발휘하고 적절하게 대처하게 하는 힘을 주는 파워스톤이다. 핑크 칼세도니는 새로운 것을 배우고자 하는 의욕을 자극하고 내면의 안정을 유지하게 하며, 레드 칼세도니는 자신감과 끈기를 가지고 목표를 향해가는 힘을 갖게 한다고 전해진다.

커넬리언 루비 외에 7월의 탄생석으로 홍옥수라고도 불리는 커넬리언Carnelian은 흰색이 섞였는지의 여부에 따라 커넬리언과 자마노로 분류되기도 한다. 커넬리언은 신뢰와 야망, 용기와 승리의 상징석으로 알려져 있고 고대이집트에서는 사후세계의 환생에 대한 의미로도 사용되어 생존의 돌이라고 불리기도 했다. 커넬리언을 소지하거나 가까이에 두면 모든 부정적인 것들로부터 보호받고 감정을 조절하는 힘을 갖게 되므로 우울과 슬픔에서 벗어날 수 있다고 한다. 중요한 사람과의 유대관계를 유지시켜 주고 인간관계에서 받은 상처를 치유하며, 심한 출혈의 지혈 효과와 간 질환과 신경통과 신체 에너지에 도움이 된다고 하여 몸과 마음의 치유석으로도 알려져 있다. 또한 용기와 힘을 북돋우고 활기찬 에너지를 강화시키고 성공 욕구를 자극할 뿐 아니라 집중력을 증가시켜 취업준비생이나 수험생으로 하여금 최상의 능력을 발휘하게 하는 파워스톤으로도 알려져 있다.

쿤자이트 쿤자이트Kunzite는 무한한 사랑을 상징하고 대가를 바라지 않는 순수한 사랑의 에너지 스톤으로, 자애, 성실, 덕망을 상징한다. 뿐만 아니라 과거의 상처에서 벗어나고 관계를 긍정적으로 이어주고 스트레스를 완화시키고 잠재된 불안과 공포를 감소시키는 치유력을 가진 스톤이다. 삶에서 영감을 주고 직관력을 상승시켜 창의력을 높여주고 집중력과 재물운을 가져다준다 하여 쿤자이트를 가까이 둔 수험생과 취업 및 승진을 원하는 이들, 또는 새로운 시작을 준비하는 이에게 자신감과 기회의 행운을 가져다주는 것으로 알려져 있다.

크리소콜라 터키석과 닮은 푸른색 크리소콜라Chrysocolla는 규공작석이라고도 불리며 아메리칸 원주민의 흥분된 마음에 평안을 주기 위해 사용되었다고 한다. 부드럽고 친근감 있는 에너지를 지니고 있어 억압된 상실이나 원망과 죄책감, 두려움으로부터 오는 부정적 감정을 해소하고 스트레스를 경감시키고 감정을 안정시키는 힘을 가지고 있다고 하여, 사람의 인체와 삶의 리듬을 정상화하여 몸을 건강하게 지켜주는 치유석으로 전해져 왔다. 또한 자신을 치유하고 본래의 자기 모습으로 되돌아가도록 돕고 창의력과 지성과 정서적 안정과 행운을 불러오고 행운과 번영을 가져다주는 수호석으로도 알려져 있다. 긍정적인 인간관계를 맺어가도록 끌어주는 힘을 가지고 있어 좋은 인연과 행복한 가정을 유지시켜 주고 예술가들의 창의성에 영감을 주는 파워스톤이다. 녹색을 띤 크리소콜라는 부유함의 상징으로도 알려져 있다. 아프리카 원주민의 문화에서 고요함, 평화, 직관, 인내, 무조건적인 사랑을 가져다주는 치유의 돌로 전해온 크리소콜라의 상징적 유래는 수천 년 동안 화해와 안심을 가져다주고 격한 마음을 진정시키는 힐링석으로 전 세계에 알려져 왔다.

탄자나이트 터키석과 함께 12월의 탄생석인 탄자나이트Tanzanite는 올바른 선택을 돕고 부정적인 에너지를 긍정적인 것으로 바꾸어주는 강력한 힘을 가진 파워스톤이다. 보는 각도에 따라 파란색과 보라색으로 변하므로 사파이어와 혼동하기도 한다. 이 원석을 가까이에 두면 영감을 끌어주므로 풍부한 이미지와 창조력이 필요한 직업에 도움이 되며 자기 계발을 촉진하는 스톤으로 알려져 있다. 고대에는 영력을 가진 돌로 인식되어 여러 의식에 사용되었다고 전해진다. 파란색과 보라색은 정보력을 높여 냉정하고 올바른 판단력과 결단력을 발휘하게 한다. 탄자나이트를 소지한 사람에게는 자기에 대해 생각하는 힘을 갖게 하고 시험이나 진학 또는 인생의 전환점에서 해결하고픈 고민이나 문제 등을 해결하고 올바른 방향을 제시하여 더 나은 방향으로 살아갈 수 있도록 끌어주는 파워스톤으로 알려져 있다.

테라헤르츠 테라헤르츠Terahertz는 엑스선이나 원적외선보다 투과력이 강하여 세포를 손상하지 않고 인체의 파장을 정돈해준다. 그만큼 에너지가 빠르게 전달되는 이 원석을 몸에 지니고 있으면 세포가 재생되며 면역력과 자연치유력을 키울 수 있다고 알려져 있다. 정신적으로는 기분의 흐름을 개선하고 심신을 안정적으로 활성화시켜 피로와 스트레스로부터 보호하며 편안한 상태로 끌어주는 강력한 파워를 가진 치유석이다.

토르마린 단순히 심리적 효과가 아닌, 실제적인 효능이 입증되고 있어 건강과 치유석으로 알려진 투어마린Tourmalin은 전기석이라고도 불린다. 그린색은 관계를 돕고 핑크색은 사랑을 두 배로 돌아오게 한다고 전해지고 있다. 특히 검정색은 몸의 독소를 배출시키고 혈액순환을 촉진시켜 세포와 위장 운동의 활성화와 피로 회복 및 신경통과 냉대하증에 효과가 있다는 연구 결과도 있다. 토르마린을 가까이에 두면 마음이 편안해져 기분이 맑고 밝아지며 좋은 대인관계를 유지하게 되며 숙면을 취하게 되어 부적으로 선호하는 파워스톤이다.

프레나이트 프레나이트Prehnite는 생각이나 사물에 집착하지 않고 마음의 여유를 갖는 힘의 상징석으로 알려져 있다. 프레나이트를 소지한 사람의 생각을 명확히 하고 판단력을 강화하며 믿음을 관통하는 힘을 갖게 한다고 하여 진실을 파악하는 파워스톤으로 불리기도 한다. 일상의 많은 정보 가운데 지금 자신에게 필요한 것만 선택할 수 있도록 이끌어주기 때문에 불필요한 생각이나 사물에 집착하지 않고 마음의 여유를 찾게 하는 힐링석으로 알려져 있다. 중요한 결정을 내려야 하거나 자신이 어떻게 살아가야 할지에 대한 갈등이 있을 때, 프레나이트를 가까이에 두면 결단력과 적극성의 에너지를 받게 되므로, 외부에 휩쓸리지 않고 자기다운 결정을 하여 꿈과 목표를 향해 나아가는 능력을 발휘하게 된다고 한다. 프레나이트는 사업운 및 직장에서의 능력 발휘와 관련이 있으며, 인간관계에서도 긍정적인 의사소통으로 서로 신뢰를 쌓게 하며, 삶의 목표를 향해 나아갈 수 있도록 내면과 사물의 본질을 간파하는 힘을 주는 파워스톤으로 전해져 왔다.

플루라이트 라틴어로 '흐른다'라는 뜻에서 유래된 이름답게 플루라이트Fluorite는 진동수가 매우 높고 은은한 투명감이 있는 신비로운 돌이며 색에 따라 의미가 다르다. 투명한 색은 수정과 유사한 의미로써 순수와 정화의 상징석이며, 보라색은 영혼의 정화, 이해력과 생각을 정리하는 힘을 발휘하게 하며, 라벤더색은 진정, 치유, 정화, 평안의 상징적 의미를 가진다. 블루색은 지성, 평화, 영감, 창조력, 직관력, 긍정적 관계의 의미를 가진다. 노란색은 예술적 재능을 강화하고, 녹색은 다른 녹색 원석 중에서도 힐링과 정화에 강한 원석으로 부정적인 에너지와 스트레스를 진정시키며, 트라우마나 상처를 극복할 수 있도록 돕고 혼란과 복잡함을 흡수하고 억압 감정으로부터 해방시켜 주는 파워스톤이다. 플루라이트는 자기표현과 자기보호, 집중력과 맑은 정신과 관련하며 이 원석을 가까이에 두고 잠을 자면 불면증을 완화시키고 좋은 꿈을 꾸게 하는 힐링석으로도 알려져 있다.

하울라이트 행운의 상징인 하울라이트Howlit는 긴장과 스트레스를 경감시키고 외로움과 슬픔을 완화시키며 분노를 흡수하여 마음의 상처를 치유하고 정서적 안정을 가져다준다고 하여 명상 스톤으로도 알려져 있다. 인체 내의 칼슘을 조절해 주며, 특히 분노를 감소시키는 진정 효과가 뛰어나 만성피로와 우울증에서 벗어나도록 돕는다. 또한 잡념을 제거해 불면증 치료에 강력한 효력이 있다고 알려져 있다. 아메리카 원주민들이 자신의 본래 모습을 찾고자 한 자기성찰에 귀하게 여겨온 파워스톤이기도 하다.

호박 보호의 마력을 지닌다고 알려져 있는 호박Amber은 부적으로 사용된 최초의 보석이다. 신체질환의 치료 효과를 지니고 있어 과거의 자연 치유자들은 강심제와 중풍을 멈추기 위해 호박을 척추 위에 올려 사용했다고 한다. 일상 공간에 호박을 두거나 몸에 지니면 음이온이 나와 혈액을 정화한다. 이에 더하여 호박은 혈액순환을 원활하게 할 뿐만 아니라 피로 회복이나 염증 감소, 두통 완화 및 몸의 균형을 바로 세우는 효과를 가지고 있다. 또한 면역력도 키워주고 정서발달을 돕는 자연치유력까지 있다고 알려져 전반적인 건강석으로 널리 사용되어 왔다. 또한 심신의 에너지를 순환시켜 건강을 유지하게 하며 마음의 갈등을 정화하여 긍정적인 에너지를 이끌어낸다. 고통과 부정적인 에너지를 흡수하여 스트레스를 완화하고 긴장된 마음에 평온을 가져다주며 안정과 밝은 에너지를 활성화하여 우울증에서 벗어나게 하는 효과 또한 있다고 전해진다. 삶에서 부딪히는 중요한 상황들에서 최대치의 잠재력을 발휘할 수 있는 힘을 갖게 하며 상황에 맞는 능력과 행운을 끌어주어 균형적이고 창조적인 삶을 살도록 돕는다. 호박은 건강운, 재물운, 대인관계운, 부와 장수와 수호의 상징석으로 알려진 파워스톤이다.

호안석 신의 눈이라고도 불리는 호안석Tiger's eye은, 오래전부터 용기와 재물운과 현명한 결단력과 통찰력의 파워스톤이라는 상징성을 가지고 있다. 그래서 호안석을 지니고 있으면 무언가를 시작할 때 외부에 휘둘리지 않고 겸손하고 용기 있는 모습으로 성공을 향해 재능을 발휘해갈 수 있다고 한다. 부정적인 기운과 생각으로부터 보호받고 자기 훈련을 가능하게 하며 여행 중에도 질병으로부터 보호해 주는 수호석으로 알려져 왔다.

혹스아이 '하늘을 나는 매'라는 의미를 가진 혹스아이Hawks eye는 결단과 전진을 상징한다. 예리한 관찰력을 바탕으로 사물을 정확하게 바라볼 수 있게 하여 올바른 결단을 내리는 데 도움을 주며, 미래를 내다보는 눈과 깨달음에 이르는 성스러운 스톤으로 알려져 있다. 또한 오래전부터 부를 가져오고 사업의 성공을 부르며 신뢰할 수 있는 협력자나 조언자를 찾는 능력을 발휘하게 하는 최적의 파워스톤으로 전해진다.

흑요석 용암이 너무 빨리 식어 미처 결정을 이루지 못하고 형성된 흑요석Obsidian은 보호석이자 한계가 없는 돌로 부정적인 것을 막는 방패가 되어준다. 특히 골드흑요석은 자아의 갈등과 부정적인 에너지를 없애고 스트레스를 진정시켜 주며 트라우마로 인한 불안과 두려움을 극복하도록 돕는다. 흑요석을 지니고 있으면 마음의 평화를 되찾고, 업무 스트레스를 받거나 동료와의 관계로 힘들어하는 사람을 보호하며, 분노 · 두려움 · 우울의 에너지와 위험을 감지하고 부정적 에너지를 멈추게 하는 능력을 발휘하게 한다. 흑요석은 정신세계의 상징으로서 검은색의 상징이 가진 다양한 효과를 가져다주므로 미래를 예측하고 건강한 정신을 갖게 된다고 한다. 특히 주변으로부터 쉽게 영향을 받는 민감한 성격의 소유자에게 행운의 부적으로도 사용되어왔으며 트라우마를 경험한 사람의 감정을 보호하고 치유하는 강력한 힘을 가진 치유석이다.

숫자에 함축된 상징

드림캐처를 완성하고 보면 각기 특정한 공통의 수를 나타내고 있는 것을 발견할 수 있다. 예를 들어 드림캐처의 기초 틀인 링을 감고 있는 그물의 시작 채널인 고리의 수, 그리고 링을 감고 있는 자수실의 색과 링 안팎에 수 놓인 원석과 깃털 등에서는 특정 색의 공통 수가 발견된다. 또한 사용된 깃털의 개수나 나열된 원석의 형태와 연결되어 나타난 여러 내용에서도 공통의 수를 엿볼 수 있다. 그러한 공통성을 가진 숫자들은 의도적인 표현일 수도 있지만, 대부분은 개인의 내적 욕구를 포함한 심리적 상징성을 가진다.

만다라와 성서에서는 기본적으로 0에서 13까지의 숫자에 대한 상징적 의미를 말하고 있다. 아래의 내용은 성서적 숫자와 각 나라에서 사용되고 있는 숫자의 의미를 모아 꿈 앤 만달라 드림캐처에서 흔히 적용하고 있는 내용을 핵심적인 것만 선택적으로 담았다. 수의 의미는 다양하고 개인에게 연결될 수 있는 내용 또한 다양한 측면에서 이해될 수 있으므로, 더 구체적인 내용은 시중에 나와 있는 문헌들을 통해 보완할 수 있을 것이다.

0 비어 있고 아무것도 없는 상태이자, 영원함과 완전의 형태로써 모든 것의 결핍을 의미한다. 고대의 그리스와 로마에서도 0은 인정받지 못한 숫자였으나, 인도에서는 없음의 의미로 0을 사용하게 되었고 십진법을 사용하게 되면서 그 중요성이 커졌다.

1 시작과 근원으로써 모든 수의 첫 숫자이다. 창조의 첫째 날로 내부에 모든 힘을 품고 있는 중심으로, 초개인적이며 신의 유일성을 의미한다. 숫자 1이 가진 유일함이라는 특성은 인간의 삶이 자신의 주변 환경에 고태적 동일시 상태에 있다거나 오직 하나라는 유일성의 느낌을 의식 수준에서 갖고 있다는 심리적 태도와 관련하며 무의식상태에 머물러 있거나 더 성숙한 수준의 통합적 의미를 포함하고 있다.

2 대칭의 특성을 가진 숫자 2는 세상이 빛과 어둠으로 나뉘어 창조되며 분리와 합일, 조화와 증거의 상징이다. 더불어 인간의 삶이 이중성과 양극의 긴장을 경험하면서 전체성을 향해 살아가고 있음을 함축한다.

3 부모와 아이, 또는 삼위일체의 의미를 담고 있다. 완벽함의 상징성을 담고 있으며 역동적이고 새로운 것을 성취함으로써 긴장이 완화되고 완성과 자기 인식과 무의식으로의 변형을 상징하는 숫자이다.

4 세상에 속한 자연의 기본으로 4계절의 조화와 질서와 균형의 의미를 담고 있다. 그러므로 자기와의 연결이며 자기 인식을 향한 노력을 포함하고 합리적이고 조화롭고자 하는 심리적 노력과 관련된다.

5 피조물의 수인 4에 신의 수인 1을 더한 수로 은혜와 축복을 상징한다. 음양의 조화로운 결합과 일체성으로써 사랑과 건강과 완전성을 추구하며 꿈과 목적을 이루려는 노력과 관련된다.

6 완전의 수인 7에 근접하나 기독교에서는 불완전한 수로 사탄을 의미하기도 한다. 창조에 필요한 6일간을 뜻하기도 한다. 기독교의 1에서 10까지의 범위에서 보면 6은 모든 수의 중심 숫자이며, 두 개의 삼각형이 합해진 상징이자 반대되는 대극의 통합을 의미하기도 한다. 시각, 청각, 후각, 미각, 촉각의 감각기능과 육감으로의 마음으로써 인간의 감각을 의미하며 명상과 지성을 나타내는 수이기도 하다. 이렇듯 6은 완전과 완성을 나타내는 수로, 사랑과 건강과 아름다움과 기회와 행운을 의미하기도 한다. 수학자들은 숫자 6을 최초의 완전한 수로 받아들여 선호하며 주사위의 가장 큰 숫자 역시 6이다.

7 천지창조의 완성 기간에 해당하는 숫자로 완전과 온전성과 끝맺음을 의미한다. 따라서 숫자 7은 하늘과 땅을 의미하며 우리의 생활 리듬의 단위로써 인격을 수양해가는 길이자 삶의 마지막을 담고 있으며 내적인 자기 발견을 의미한다.

8 새로운 탄생의 숫자로서 우주의 질서와 균형을 이루고 정신적 완성의 길이자 영원한 변화와 전체성으로의 의미를 담고 있다.

9 완전의 수인 10에서 하나가 부족한 수이나 인간에게 있어 최고의 경지를 의미하는데, 10은 신의 영역으로 남겨두기 때문이다. 숫자 9는 성령의 열매인 사랑, 기쁨, 화평, 인내, 자비, 선, 충성, 온유, 절제를 상징하며 전체성을 추구하는 긍정적 에너지를 의미한다.

10 기본 수의 마지막 숫자로 완전함과 전체성의 상징성을 담고 있다. 율법을 대표하는 숫자로, 일체와 전체성과 완전성과 신의 원리로써 현실적인 삶과 관련된다.

11 영적인 숫자로, 직관과 창조적 에너지의 상징이다. 성서적 관점에서는 심판의 숫자이다. 해결할 수 없는 갈등과 죄와 균형의 어려움을 상징하며 마지막 기회이자 새로운 출발을 의미하기도 한다. 숫자 11이 자신의 인생에 자주 등장한다면 자신의 잠재능력을 믿고 더 낙관적으로 자기에게 주의를 기울이고 창조적 에너지를 사용하고 삶의 목표를 점검해야 하는 시기임을 생각할 필요가 있다.

12 신의 능력과 권위를 의미하며 자연과 우주의 질서와 시공의 완성을 의미한다. 12에 함축된 4는 창조의 숫자이고 3은 부활의 숫자이다. 4의 3배수가 12이므로 이 숫자는 창조와 부활을 주관하는 신에 대한 상징적 표시이기도 하다. 따라서 1, 3, 7, 12는 완전의 수인 동시에 신성한 수로 간주된다.

13 우리 사회는 병원이나 건물에서 숫자 4를 기피하는 경향이 있는데, 이는 죽을 '사死'를 연상시키기 때문이다. 마찬가지로 서양에서는 숫자 13을 특히 기피하는데, 그 이유는 예수와 12명의 제자가 모여

13명이 되었을 때, 반역의 역사가 일어났다고 생각하기 때문이다. 그렇기에 서양에서는 13을 죄와 반역의 숫자로 간주한다. 따라서 숫자 13은 종말을 맞이해야 하는 내적 과정으로써 거짓과 기만의 의미이자 새로운 시작이라는 이중적 가치를 함축하고 있다.

이러한 숫자가 가진 의미는 모든 사람에게 그대로 적용되는 것은 아니다. 개인의 현재 상황과 나타나는 현상에 따라, 그리고 자기만 아는 내적 상황들과 연관하여 선택적으로 받아들이고 이해할 필요가 있다. 드림캐처에 나타난 숫자의 이해 역시 내적인 반응이기도 하지만 미적 감각을 위해서, 또는 현실 상황에의 기대 욕구에 따라 의식적으로 사용할 수도 있으므로 단편적인 해석은 자제해야 한다.

형태 구성의 사용

드림캐처를 만들기 위해 링의 내부와 외부를 구성하는 형태 사용은 색채 사용에서와 마찬가지로 그 사람의 심리와 영적 상태를 함축하고 있다고 볼 수 있다. 그러므로 드림캐처를 만들 때는 의도성이 포함될 수 있기에, 역시나 단편적인 해석에 유의해야 한다. 그러나 지속적으로 반복되는 형태는 정신의 내적 상태를 아예 배제한다고 할 수는 없기에 관심을 가질 필요가 있다. 아래의 내용 역시 더 많은 내용은 하나의학사와 시그마프레스에서 출간한 저자의 평가지침서와 기타 서적들을 참고하면 도움이 될 것이다.

기본적인 형태 구성의 이해는, 드림캐처에 나타난 형태의 구성과 방향이 원을 그리고 있다면 역동적인 체험과 무한성과 완벽성을 함축하고 있다고 볼 수 있다. 중심점에 모여 있는 형태 구성은 자기를 상징하고, 수평적인 형태 구성은 모성적 에너지를, 수직적인 형태 구성은 모든 것을 관통하는 에너지를 함축하고 있다고 볼 수 있다.

또한 십자형의 형태 구성은 대립의 결합으로, 무의식과 의식을 어둠과 숨겨진 면의 인식과 새로운 자기중심성을 포함했을 가능성이 있다. 오른쪽에 위치한 십자형은 불행에 대한 알아차림으로 극복의 의지를, 왼쪽 위치의 십자형은 행복과 관련한 욕구와 바람일 수 있다.

나선형의 형태 구성은 변화의 역동을 나타내며 개별화의 과정으로써 새로운 방향 전환과 관련한다.

역삼각형은 무의식과 물의 의미와 잠재력을 의미하는 반면, 피라미드형의 삼각형 구성은 생명력과 변화와 창의성을 함축한다. 중심을 향한 삼각형은 자신에 대한 내적 공격을 의미할 수 있으며 자기 공격을 멈추어야 한다는 자기와의 대화이자 메시지일 수 있다. 또한 스스로의 노력에 대한 고충을 담고 있을 수도 있다. 사각형의 형태는 조화와 균형의 의미를 담고 있어 합리적이고 목적 지향적인 실천과 관련된 욕구를 대변한다고 볼 수 있다.

이러한 형태 구성의 해석적 의미는 그 자체의 의미도 있지만 때로는 그에 대한 해결의 노력으로 나타나는 반대의미일 수도 있으므로, 이 역시도 단편적인 해석은 금물이며 다만 자기 이해와 돌봄의 욕구로 이해하면 무리가 없을 것이다.

공간사용의 흐름

'꿈 앤 만달라'의 드림캐처에서 공간사용의 핵심은 작업한 그 날의 기원이 무엇인지에 근거한다. 그러므로 탄생일을 축하하고자 했다면 흔히 탄생석을 해당 월의 위치에 표현하고, 완성이나 시작에 의미를 두었다면 만다라의 공간사용 의미가 연결되는 위치 즉 시계방향으로 보았을 때 9시와 3시 방향에 원석들이 수 놓였을 가능성이 높다. 어떤 것은 그날의 누군가를 위한 기원을 담고 공간과 위치가 선택되었을 수 있다. 이 과정은 의도성이 들어가기도 하고 그날의 기도와 연상을 따라간 결과의 표현이고 반응이기도 하다. 공간사용의 흐름은 일반적으로 위와 아래, 오른쪽과 왼쪽 또는 중앙, 그리고 왼쪽에서 오른쪽으로, 오른쪽에서 왼쪽을 향한 흐름 등을 고려하여 해석하게 된다.

자신이 만든 드림캐처라면 이미 작업 시작에서 원하는 의미를 담은 내용과 공간사용이 선택되기도 한다. 또한 연상을 따라간 내용이 완성된 후에 경험된 느낌이 모여 예측하지 못한 의미를 발견하기도 할 것이다. 어떤 것이든 과정과 결과물은 개인마다 의미 있는 경험으로 채워질 것이므로 아무래도 괜찮다. 다만 공간사용의 해석적 의미를 좀 더 깊게 자기와 연결하여 탐색해 보고자 한다면, 역시 기타 문헌들이 담고 있는 공간사용의 심리를 참조할 수 있겠지만 교과서적 해석은 자제해야 할 것이다. 이는 여러 번 강조하는 부분이지만, 모든 해석의 의미는 일반화된 내용만으로는 이해하기 힘든 자칫 왜곡될 수 있는 개인의 경험과 상황들이 있기 때문이다.

적극적 연상과 자기실현을 돕는 드림캐처 저널

드림캐처 작업 전 내면에 집중하는 시간을 가진 후의 느낌과 소망을 기록하는 것으로부터 시작할 수 있다.

· 명상 직후의 느낌과 감정 또는 떠오른 생각은 무엇인가?
· 내면의 자기와 만나는 과정에서 본 색과 형상과 공간의 흐름과 방향은 무엇인가?
· 드림캐처에 담고 싶은 소망이 있는가?

드림캐처를 완성한 후의 느낌과 자기와의 대화에 도움이 되는 내용으로, 결과물을 완성한 후의 느낌과 감정 및 생각에 대해 기록하고 아래 질문에 따라가 본다.

· 명상에서 연상된 모습과 실제 결과물은 얼마나 유사한가?
· 링 안에 구성된 거미줄의 사이클 수는 몇 개인가? 이는 계획한 것인가?
· 링 안에 새긴 원석의 주된 위치구성의 형태는 무엇인가?
· 사용한 원석의 색과 종류는 무엇이며, 이들을 어떻게 선택하게 되었는가?
· 링 밖의 원석과 깃털의 색은 무엇이며, 이들을 선택한 이유가 있는가?
· 특별한 느낌을 주거나, 반복되는 숫자는 무엇인가?
· 지금까지의 내용에서 발견된 특정 이미지나 느낌은 무엇인가? 그리고 그 이미지와 느낌에서 발견한 내적 의미와 현실 상황과의 관계는 어떠한가?

지금까지의 과정과 관련된 느낌을 주는 무엇이든 생각나는 대로 기록하면서 현실과 내면의 자기와의 대화를 시작한다.

현실의 나:
내면의 나:

현실의 나:
내면의 나:

현실의 나:
내면의 나:

현실의 나:
내면의 나:

드림캐처 제작 과정과 기록 작업의 전체적인 느낌, 자기에 대해 알게 된 내용을 기록하고 제목을 붙인 후 원하는 위치에 걸어둔다.

* 현실과 내면의 자기와의 대화는 원하는 만큼 계속할 수 있다. 이후에도 마음이 움직이면 반복적으로 대화하고 그 느낌으로 드림캐처를 다시 만들고 기록 작업을 이어갈 수 있다.

DREAM CATCHER 꿈 앤 만달라

초판 1쇄 인쇄 2026년 1월 2일
초판 1쇄 발행 2026년 1월 9일

지은이 | 김혜진, 옥금자
펴낸이 | 소정영

펴낸곳 | 도서출판 하나의학사
출판신고 | 1988년 4월 1일 제2022-000082호

주소 | 서울특별시 송파구 동남로 159, 302호(한홍빌딩)
전화 | 02-730-2555, 2556 **팩스** | 02-730-2557
이메일 | hanampc1@naver.com
홈페이지 | www.hanampc.co.kr

ISBN 979-11-91685-69-9 03180